Faculdades Pequeno Príncipe

PROJETOS DE EXTENSÃO
das Faculdades Pequeno Príncipe:
uma trajetória a compartilhar

ORGANIZADORES
Leandro Rozin
Leide da Conceição Sanches
Luiza Tatiana Forte
Maria Cecilia Da Lozzo Garbelini

Leandro Rozin
Leide da Conceição Sanches
Luiza Tatiana Forte
Maria Cecilia Da Lozzo Garbelini
(Organizadores)

PROJETOS DE EXTENSÃO DAS FACULDADES PEQUENO PRÍNCIPE:
uma trajetória a compartilhar

Editora CRV
Curitiba – Brasil
2020

Copyright © da Editora CRV Ltda.
Editor-chefe: Railson Moura
Diagramação da Capa: Designers da Editora CRV
Arte da capa: Cristiane Kiyone Hayashi
Revisão: Analista de Escrita e Artes da Editora CRV

DADOS INTERNACIONAIS DE CATALOGAÇÃO NA PUBLICAÇÃO (CIP)
CATALOGAÇÃO NA FONTE
Bibliotecária Responsável: Luzenira Alves dos Santos CRB9/1506

SA194

Projetos de extensão das Faculdades Pequeno Príncipe: uma trajetória a compartilhar / Leandro Rozin (organizador), Leide da Conceição Sanches (organizadora), Luiza Tatiana Forte (organizadora), Maria Cecilia Da Lozzo Garbelini (organizadora) – Curitiba : CRV: 2020.
146 p.

Bibliografia
ISBN Digital 978-65-5868-980-5
ISBN Físico 978-65-5868-979-9
DOI 10.24824/978655868979.9

1. Educação Superior 2. Projetos de extensão 3. Faculdades Pequeno Príncipe I. Rozin, Leandro, org. II. Sanches, Leide da Conceição, org. III. Forte, Luiza Tatiana, org. IV. Garbelini, Maria Cecilia Da Lozzo, org. V. Título VI. Série.

CDU 378   CDD 378

Índice para catálogo sistemático
1. Educação superior 378

ESTA OBRA TAMBÉM SE ENCONTRA DISPONÍVEL
EM FORMATO DIGITAL.
CONHEÇA E BAIXE NOSSO APLICATIVO!

2020
Foi feito o depósito legal conf. Lei 10.994 de 14/12/2004
Proibida a reprodução parcial ou total desta obra sem autorização da Editora CRV
Todos os direitos desta edição reservados pela: Editora CRV
Tel.: (41) 3039-6418 - E-mail: sac@editoracrv.com.br
Conheça os nossos lançamentos: **www.editoracrv.com.br**

Conselho Editorial:

Aldira Guimarães Duarte Domínguez (UNB)
Andréia da Silva Quintanilha Sousa (UNIR/UFRN)
Anselmo Alencar Colares (UFOPA)
Antônio Pereira Gaio Júnior (UFRRJ)
Carlos Alberto Vilar Estêvão (UMINHO – PT)
Carlos Federico Dominguez Avila (Unieuro)
Carmen Tereza Velanga (UNIR)
Celso Conti (UFSCar)
Cesar Gerónimo Tello (Univer .Nacional Três de Febrero – Argentina)
Eduardo Fernandes Barbosa (UFMG)
Elione Maria Nogueira Diogenes (UFAL)
Elizeu Clementino de Souza (UNEB)
Élsio José Corá (UFFS)
Fernando Antônio Gonçalves Alcoforado (IPB)
Francisco Carlos Duarte (PUC-PR)
Gloria Fariñas León (Universidade de La Havana – Cuba)
Guillermo Arias Beatón (Universidade de La Havana – Cuba)
Helmuth Krüger (UCP)
Jailson Alves dos Santos (UFRJ)
João Adalberto Campato Junior (UNESP)
Josania Portela (UFPI)
Leonel Severo Rocha (UNISINOS)
Lídia de Oliveira Xavier (UNIEURO)
Lourdes Helena da Silva (UFV)
Marcelo Paixão (UFRJ e UTexas – US)
Maria Cristina dos Santos Bezerra (UFSCar)
Maria de Lourdes Pinto de Almeida (UNOESC)
Maria Lília Imbiriba Sousa Colares (UFOPA)
Paulo Romualdo Hernandes (UNIFAL-MG)
Renato Francisco dos Santos Paula (UFG)
Rodrigo Pratte-Santos (UFES)
Sérgio Nunes de Jesus (IFRO)
Simone Rodrigues Pinto (UNB)
Solange Helena Ximenes-Rocha (UFOPA)
Sydione Santos (UEPG)
Tadeu Oliver Gonçalves (UFPA)
Tania Suely Azevedo Brasileiro (UFOPA)

Comitê Científico:

Altair Alberto Fávero (UPF)
Ana Chrystina Venancio Mignot (UERJ)
Andréia N. Militão (UEMS)
Anna Augusta Sampaio de Oliveira (UNESP)
Barbara Coelho Neves (UFBA)
Cesar Gerónimo Tello (Universidad Nacional de Três de Febrero – Argentina)
Diosnel Centurion (Univ Americ. de Asunción – Py)
Eliane Rose Maio (UEM)
Elizeu Clementino de Souza (UNEB)
Fauston Negreiros (UFPI)
Francisco Ari de Andrade (UFC)
Gláucia Maria dos Santos Jorge (UFOP)
Helder Buenos Aires de Carvalho (UFPI)
Ilma Passos A. Veiga (UNICEUB)
Inês Bragança (UERJ)
José de Ribamar Sousa Pereira (UCB)
Jussara Fraga Portugal (UNEB)
Kilwangy Kya Kapitango-a-Samba (Unemat)
Lourdes Helena da Silva (UFV)
Lucia Marisy Souza Ribeiro de Oliveira (UNIVASF)
Marcos Vinicius Francisco (UNOESTE)
Maria de Lourdes Pinto de Almeida (UNOESC)
Maria Eurácia Barreto de Andrade (UFRB)
Maria Lília Imbiriba Sousa Colares (UFOPA)
Mohammed Elhajji (UFRJ)
Mônica Pereira dos Santos (UFRJ)
Najela Tavares Ujiie (UTFPR)
Nilson José Machado (USP)
Sérgio Nunes de Jesus (IFRO)
Silvia Regina Canan (URI)
Sonia Maria Ferreira Koehler (UNISAL)
Suzana dos Santos Gomes (UFMG)
Vânia Alves Martins Chaigar (FURG)
Vera Lucia Gaspar (UDESC)

Este livro passou por avaliação e aprovação às cegas de dois ou mais pareceristas *ad hoc*.

SUMÁRIO

APRESENTAÇÃO..9
Luiza Tatiana Forte

PREFÁCIO 11
Patricia Forte Rauli

A EXTENSÃO UNIVERSITÁRIA NA ÁREA DE SAÚDE 13
Ivete Palmira Sanson Zagonel
Leandro Rozin
Luiza Tatiana Forte

PROJETO DE EXTENSÃO MULHER SAUDÁVEL: integração, ensino, serviço e extensão..23
Adriana Cristina Franco
Susiane Artuzi Mota e Silva
Ivete Palmira Sanson Zagonel

TRAJETÓRIA DO PROJETO EDUCAR PARA PREVENIR SOBRE EDUCAÇÃO EM SAÚDE NAS ESCOLAS E NA COMUNIDADE 45
Leide da Conceição Sanches
Fernanda de Andrade Galliano Daros Bastos
Graziele Francine Franco Mancarz
Luiza Tatiana Forte
Maria Cecilia Da Lozzo Garbelini

PROJETO EDUCAR PARA PREVENIR: dinâmicas e paródias desenvolvidas como ferramentas de educação em saúde nas escolas e comunidade..61
Maria Cecilia Da Lozzo Garbelini
Fernanda de Andrade Galliano Daros Bastos
Graziele Francine Franco Mancarz
Leide da Conceição Sanches

PROJETO DE EXTENSÃO "CUIDADO NA CASA DE APOIO DO HOSPITAL PEQUENO PRÍNCIPE" 73
Juliana Ollé Mendes
Leandro Rozin
Daniele Laís Brandalize Fagundes

PROJETO DE EXTENSÃO GESTÃO DE RESÍDUOS 81
Débora Maria Vargas Makuch
Juliana Ollé Mendes
Adriana Cristina Franco
Andréia Lara Lopatko Kantoviscki
Daisy Elizabeth Jose Schwarz
Ivete Palmira Sanson Zagonel

PROJETO DE EXTENSÃO COSMOS 91
Juliane Centeno Müller
Rafael Rizzetto Duarte Gomes Araújo
Andressa Rossi Junkes
Gabriel Marques Biava
Ivete Palmira Sanson Zagonel

HABILIDADES SOCIAIS E COMPETÊNCIAS PROFISSIONAIS PARA REDUÇÃO DE RISCOS DE AGENTES DE SEGURANÇA PÚBLICA 105
Adriana Maria Bigliardi
Ivete Palmira Sanson Zagonel
Silvia Regina Hey
Ivana Weber Bonin
Liliane Aparecida Ferreira
Luciano de Oliveira
Aline Oliveira dos Santos
Jeniffer dos Santos Maciel

PROJETO DE EXTENSÃO REALEZA DA ALEGRIA 119
Gislayne Castro e Souza de Nieto
Luiza Tatiana Forte
Bruna Frigo Bobato
Caroline D'Hanens
Gabriel Cunha Alves
Isabela Akemi Guirao Sumida
Letícia Emanoelli Penazzo Machado
Lucas Palma Nunes
Lucas Zantut
Valéria Carolina Armas Villegas

CENTRO DE INFORMAÇÃO SOBRE MEDICAMENTOS: uma iniciativa inovadora para colaboradores da instituição 127
Francelise Bridi Cavassin
Graziele Francine Franco Mancarz
Isadora Regina Dallazuana
Laura Alexandra Caixeta Maciel
Robson Camilotti Slompo

ÍNDICE REMISSIVO 135

SOBRE OS AUTORES 137

APRESENTAÇÃO

Luiza Tatiana Forte[1]

Este livro nasce do desejo de docentes e estudantes compartilharem com a sociedade as experiências de aprendizagem desenvolvidas em formato de Projetos de Extensão.

Os autores apresentam diferentes projetos realizados em comunidades com focos de atuação diversos, mas todos voltados para a busca da saúde e melhor qualidade de vida das pessoas.

A experiência da extensão universitária se mostra enriquecedora e complementar aos processos de ensino-aprendizagem. Levar o conhecimento da academia, ampliando fronteiras, possibilita também o aprendizado da academia sobre o social e o comunitário.

Nos capítulos é possível perceber a criatividade utilizada para se trabalhar em diferentes contextos, fazendo as adaptações necessárias e atendendo a demanda de cada comunidade.

Apresentar os docentes e discentes, não me cabe, os projetos per si os apresentam demonstrando suas competências, habilidades e o amor de ser professor.

Agradeço a todos os estudantes extensionistas que em algum momento participaram dos projetos aqui apresentados, pois sem a participação e o protagonismo de cada um, não seria possível desenvolvê-los.

Agradeço também as Faculdades Pequeno Príncipe que diariamente nos incentiva e nos inspira a criar, articular conhecimentos e a fazer deste mundo um mundo melhor.

---

1 Mestre em Educação. Diretora de Extensão das Faculdades Pequeno Príncipe.

PREFÁCIO

Patricia Forte Rauli[2]

A indissociabilidade entre ensino, pesquisa e extensão, conforme preconizada pelo artigo 207 da Constituição Federal do Brasil de 1988, desafia as instituições de Ensino Superior a assumirem o compromisso com a formação numa perspectiva crítica e transformadora.

Para além da reprodução do conhecimento, a educação superior necessita integrar o ensino e a pesquisa em ações voltadas aos interesses da sociedade, objetivando o desempenho solidário em diferentes contextos de atuação, promovendo a inter-relação da teoria com a prática.

Nesta perspectiva, a extensão possibilita aos educandos e educadores a compreensão de seu papel enquanto sujeitos sociais, copartícipes no processo de refletir, agir e construir conhecimento para transformar a realidade.

A partir destas premissas as Faculdades Pequeno Príncipe compreende a extensão como eixo estruturante da formação, oportunizando à comunidade acadêmica a ampliação das experiências do processo de ensino-aprendizagem.

As atividades são oferecidas à comunidade interna e externa de forma multi e interdisciplinar por meio de projetos, programas, produtos, cursos, eventos, publicações e prestação de serviços, visando incentivar docentes e discentes a descobrirem as necessidades sociais, bem como implementar concepções e tecnologias inovadoras e criativas para a sistematização do conhecimento, desenvolvendo a consciência social, ética e política na formação de profissionais-cidadãos.

Conforme Martins (2008), a educação assume, então, característica singular. Seu objetivo, neste contexto,

> transcende a dimensão da formação profissional, buscando transformar as pessoas no sentido de se verem como corresponsáveis pela realidade humana, desenvolvendo uma percepção humanística e eticamente responsável do conhecimento acadêmico-científico (MARTINS, 2008).

Partindo destas considerações, a presente obra tem como objetivo compartilhar com a sociedade as experiências vivenciadas por docentes e discentes em Projetos de Extensão no âmbito dos cursos de graduação em Enfermagem, Medicina, Psicologia, Farmácia e Biomedicina das Faculdades Pequeno Príncipe.

---

[2] Doutora em Educação. Diretora Geral das Faculdades Pequeno Príncipe.

No primeiro capítulo, os autores discorrem a respeito das mudanças paradigmáticas do ensino na área da saúde e o rompimento do modelo tradicional em busca de um ensino integrado, multidisciplinar e interprofissional, ressaltando a importância da extensão universitária neste novo ideal de formação.

Nos capítulos seguintes são apresentadas experiências vivenciadas em diversos contextos e temas relacionados à saúde, como saúde da mulher, educação e prevenção em saúde, qualidade de vida, sustentabilidade e humanização.

Mulher Saudável, Educar para Prevenir, Projeto Cosmos, Casa de apoio, Realeza da Alegria, Gestão de Resíduos, Aprimoramento de habilidades sociais e Centro de informação sobre Medicamentos – projetos que revelam a tessitura de saberes e práticas que buscam contribuir para a construção de uma sociedade saudável, cidadã e solidária, alicerçada no humanismo e na reflexão crítica da realidade social, tal qual almejado pela FPP em sua missão institucional.

Fica, assim, o convite para que o leitor desfrute das experiências e metodologias compartilhadas, bem como o desejo de que esta leitura venha a inspirar novas práticas transformadoras para a formação em saúde.

A EXTENSÃO UNIVERSITÁRIA NA ÁREA DE SAÚDE

Ivete Palmira Sanson Zagonel
Leandro Rozin
Luiza Tatiana Forte

Introdução

A interação universidade e comunidade requer o compromisso social com a sistematização de fazeres, compromisso social com o sistema de saúde do país e com o desenvolvimento profissional no contexto de seu impacto e sua resolubilidade em problemas de saúde. Para o alcance desses objetivos, torna-se indispensável a articulação de saberes, atrelados a realidade das comunidades. Destaca-se que as práticas de saúde devem ser entendidas como respostas sociais aos problemas e necessidades de saúde da coletividade (TEIXEIRA; PAIM; VILAS BOAS, 1998; BRANDAO; ROCHA; SILVA, 2013).

Destaca-se o foco no processo saúde-doença em que vive o cidadão, a família e a comunidade (territórios), associado à realidade epidemiológica, a integralidade das ações do cuidado em saúde, a fim de formar profissionais para atuar na complexidade da realidade social, política e cultural, o que torna um desafio no Ensino Superior (CYRINO; GODOY; CYRINO, 2014).

A reestruturação do pensamento na vertente contemporânea é provocadora, exige originalidade e ousadia, remetendo ao referencial teórico filosófico do Pensamento Complexo de Edgar Morin, pois corrobora com as necessidades de superação de modelo de ensino tradicional e fragmentado em áreas específicas para a integralidade ou inseparabilidade do conhecimento na prática profissional, por meio das competências adquiridas pela relação, inter-relação, implicações mútuas, fenômenos multidimensionais, realidades que são simultaneamente solidárias e conflitivas (MORIN, 2010a).

O Pensamento Complexo visa mover, articular os diversos saberes compartimentados nos mais variados campos de conhecimento, sem perder sua essência e particularidade. Constitui-se como requisito para o exercício da interdisciplinaridade (SANTOS; HAMMERSCHMIDT, 2012). O Pensamento Complexo almeja o conhecimento multidimensional, no entanto, ele está ciente de que o conhecimento completo é inatingível, o que faz abandonar a ideia de certeza absoluta e elucidação total e indica que o caminho é ao diálogo (MORIN, 2010b).

Como espaço educacional, a universidade é o local em que transita e se constrói conhecimentos para formação integral. Para tal, faz-se necessário que o conhecimento seja estruturado, a partir da realidade vivida na sociedade, para que o aprendizado faça sentido aos estudantes e torne-se significativo (ALMEIDA, 2015).

Paulo Freire em sua definição de Educação traz: *"educar-se é impregnar de sentido cada ato cotidiano"*. Paulo Freire nos faz refletir em alguns aspectos essenciais para a construção do conhecimento: estamos inseridos em um contexto de vida de forma sistêmica, influenciados por aspectos culturais, sociais e históricos que determinam o contexto em que vivemos. Como é um processo dinâmico, aprendemos o tempo todo ininterruptamente, somos seres em constante aprendizagem. Portanto, aprender não é acumular conhecimentos fragmentados, pois os contextos são mutáveis a todo o tempo. Dessa forma, aprender a pensar é o principal objetivo da aprendizagem (ALMEIDA, 2015).

Esse contexto remete para a integração do ensino com e para a comunidade, a fim de contribuir para melhoria da situação de saúde das comunidades durante a formação e desenvolvimento dos futuros profissionais. A partir do redirecionamento, as universidades vêm concentrando-se para o alcance das competências, sendo necessário romper o modelo tradicional segmentado em disciplinas, voltando-se ao processo saúde-doença, aos determinantes de risco e proteção à saúde tornando o cuidado de forma integral (ALMEIDA, 2008; CYRINO; GODOY; CYRINO, 2014).

As proposições dos currículos dos cursos de graduação na área da saúde, baseados nas Diretrizes Curriculares Nacionais (DCN) têm potencializado a interação do ensino baseado na realidade e nas necessidades de saúde da sociedade (GONZALEZ; ALMEIDA, 2010).

O anseio volta-se para a integração presente, contínua e transformadora da comunidade acadêmica na sociedade, a fim de contribuir para melhoria da situação de problemáticas reais vivenciadas pela população durante a formação e desenvolvimento dos futuros profissionais. Cada eixo norteador, apontado nas novas **DCN é determinado** no sentido de fazer conexão com a realidade, destacando a formação dos saberes. Para cada eixo norteador contempla o que deve ser aprendido (conhecimento), o que deve ser apreendido para a realizar as atividades profissionais (habilidades) e, que deve contribuir com a formação do ser humano, para sua formação ética, cidadã e humanitária (atitudes) (CYRINO; GODOY; CYRINO, 2014; MOREIRA; DIAS, 2015).

A formulação curricular a partir das competências rompe o modelo tradicional, fragmentado em disciplinas e hospitalocêntrico para um ensino integrado, multidisciplinar, interprofissional voltado à realidade das demandas de saúde com ênfase nos determinantes do processo saúde e doença. Essa mudança faz com que a extensão universitária tenha destaque na formação dos estudantes. Com esse olhar sobre o paradigma determinista, fundamental para as mudanças na formação dos profissionais de saúde, as Instituições de Ensino Superior (IES) buscam investir em metodologias inovadoras, desafiadoras, criativas e estimuladoras que promovam intervenções com os sujeitos e os serviços para qualificação do exercício profissional (CYRINO; GODOY; CYRINO, 2014; MOREIRA; DIAS, 2015).

A organização dos currículos dos cursos universitários exige a definição dos valores, atitudes, características profissionais e humanas que se pretende construir. Exige uma integração clara entre os aspectos teóricos e práticos das áreas e disciplinas do conhecimento, implicando a definição dos princípios que orientarão os processos de aprendizagem, seleção de conteúdo, recursos e técnicas, além dos princípios de avaliação (MASETTO, 2003, p. 68; FPP, 2016).

Complementarmente, os docentes constituem-se no apoio fundamental em primar pela qualificação do ensino, investindo em metodologias e avaliações inovadoras, desafiadoras, inteligentes, criativas e estimuladoras que promovam intervenções com os sujeitos e os serviços para qualificação do real exercício da sua profissão (GONZALEZ; ALMEIDA, 2010; CODATO, 2015).

A Política Nacional de Extensão Universitária (FORPROEX, 2012, p. 10), afirma que:

> Enquanto instituição produtora do conhecimento, a Universidade deve oferecer aos governos e aos atores sociais subsídios para as escolhas que precisam ser feitas, os instrumentos científicos de que carecem para intervenções e atuações mais lúcidas e comprometidas com a plena emancipação humana. Instrumentos científicos, sim, mas sustentados por um compromisso ético e pela paixão que impulsiona o engajamento na busca de um mundo melhor. [...] É justamente aqui que se afirma a centralidade da Extensão Universitária, como prática acadêmica, como metodologia inter e transdisciplinar e como sistemática de interação dialógica entre a Universidade e a sociedade. Prática comprometida com a relevância e abrangência social das ações desenvolvidas; metodologia de produção do conhecimento que integra estudantes, professores e técnico-administrativos, formando-os para uma cidadania expandida do ponto de vista ético, técnico-científico, social, cultural e territorial; interação dialógica que ultrapassa, inclusive, as fronteiras nacionais, projetando-se para fora do País.

De forma contributiva e complementar, o MEC estabeleceu por meio da Resolução nº 7 de 18 de dezembro de 2018, as Diretrizes para a Extensão na Educação Superior Brasileira. Conceitualmente definida como:

> [...] atividade que se integra à matriz curricular e à organização da pesquisa, constituindo-se em processo interdisciplinar, político educacional,

cultural, científico, tecnológico, que promove a interação transformadora entre as instituições de ensino superior e os outros setores da sociedade, por meio da produção e da aplicação do conhecimento, em articulação permanente com o ensino e a pesquisa (BRASIL, 2018).

A Resolução determina que 10% do total da carga horária curricular dos cursos de graduação devem ser cumpridas em atividades de extensão, as quais deverão fazer parte da matriz curricular dos cursos e desenvolvida por meio de programas, projetos, cursos e oficinas, eventos e/ou prestação de serviços (BRASIL, 2018).

As atividades de extensão expressas como práticas diferenciadas junto à sociedade contribuem para a formação integral do estudante-cidadão, na dimensão profissional e pesquisador, ético, crítico e responsável, negociador, construtivo e transformador, respeitando e promovendo a interculturalidade; por meio de iniciativas e ações que expressem o compromisso social, em consonância com as políticas ligadas às diretrizes para a educação ambiental, educação étnico-racial, direitos humanos e educação indígena, com incentivo à atuação da comunidade acadêmica e técnica no enfrentamento das questões da sociedade. Contribui ainda, para produção e a construção de conhecimento atualizado e coerente, voltado para o desenvolvimento social, equitativo, sustentável, e em consonância com a realidade.

Nesse sentido, as IES, buscam cumprir o compromisso social com a sistematização do saber, do ser e do fazer, articulados com o sistema de saúde do país e com o desenvolvimento profissional, com olhar atento ao seu contexto e impacto para a resolubilidade dos problemas de saúde.

Para o alcance desses resultados, a articulação entre a extensão, academia e pesquisa, proporciona a inter-relação do ensino-aprendizado com base na articulação de saberes, atrelados a realidade das comunidades, necessidades sociais e desenvolvimento do espírito investigativo ainda na graduação. Entende-se que as práticas na formação de profissionais de saúde devem ser planejadas para buscar respostas sociais aos problemas e necessidades de saúde da coletividade que está entrelaçada ao ensino, extensão e pesquisa (CYRINO; GODOY; CYRINO, 2014; MOREIRA; DIAS, 2015).

As atividades de extensão desenvolvem-se por meio de política de contínuo aperfeiçoamento técnico-científico e envolve diferentes ações entre o ensino, a pesquisa e a inter-relação solidária destas atividades, priorizando atender às necessidades da sociedade fomentando o exercício da cidadania.

Segundo a Resolução nº 7 de 2018 do Ministério da Educação (BRASIL, 2018), as atividades de extensão subdividem-se nas modalidades de Programas, Projetos, Cursos, Oficinas, Eventos, Produção e Publicação Científica e Prestação de Serviços visando:

a) Contribuir para a formação do discente por meio da ampliação das experiências do processo ensino-aprendizagem em todas as modalidades descritas acima;
b) Contribuir para a formação do docente por meio da ampliação das experiências do processo ensino-aprendizagem em todas as modalidades descritas acima;
c) Integrar o Ensino e a Pesquisa e ações voltadas aos interesses da sociedade, objetivando o desempenho solidário em diferentes contextos de atuação promovendo a inter-relação da teoria com a prática;
d) Desenvolver a consciência social, política e ética no desenvolvimento das ações junto `comunidade.

A educação problematizadora utilizada como diretriz curricular, vai ao encontro as diretrizes da extensão, pois efetiva a construção de conhecimentos a partir da vivência de experiências significativas. Os cenários locais de ensino–aprendizagem são considerados como a realidade que se transforma e transforma os sujeitos cidadãos com interesses, intenções e relações de compromisso e responsabilidade (FPP, 2016; ALMEIDA, 2015).

Projetos de extensão

Os Projetos de Extensão (PE) se caracterizam pela interação interprofissional e interdisciplinar da comunidade acadêmica com a sociedade, por meio da troca de conhecimentos, da participação e do contato com as situações presentes no contexto social. Tem por objetivo a formação profissional cidadã, crítica e responsável, por meio da produção e da aplicação do conhecimento, em articulação permanente com o ensino e a pesquisa.

A Faculdades Pequeno Príncipe (FPP) é uma Instituição de Ensino Superior com cursos específicos da área da saúde (graduação e pós-graduação), tendo atualmente os cursos de Graduação em Biomedicina, Enfermagem, Farmácia, Medicina e Psicologia. Dentro do Programa de Extensão, estimula e desenvolve atividades de extensão cujas ações realizam-se por meio de política de contínuo aperfeiçoamento técnico-científico em diferentes atividades que articulam o ensino, a pesquisa e a inter-relação solidária, priorizando atender às necessidades da sociedade, fomentando o exercício da cidadania.

De acordo com a Resolução nº 008 de 2011 do Conselho Acadêmico da FPP, em seu Artigo 3º, estabelece que:

> [...] as atividades de extensão desenvolvem-se por meio de política de contínuo aperfeiçoamento técnico-científico e envolve diferentes ações entre o ensino, a pesquisa e a inter-relação solidária destas atividades, priorizando atender às necessidades da sociedade, fomentando o exercício da cidadania.

Dessa forma, a FPP por meio dos PE propõe ações em diferentes contextos de atuação, envolvendo distintas áreas de conhecimento, sendo que as propostas são multidisciplinares, tendo como eixos de atuação a Educação em Saúde e Cultura, o Cuidado em Saúde, a Sustentabilidade Social e Planetária determinados pelas demandas sociais da saúde. Ao encontro dos eixos de atuação, se faz necessário a identificação das problemáticas vivenciadas pela sociedade na complexidade dos determinantes da saúde.

Os determinantes da saúde são os fatores que influenciam no estado de saúde de um indivíduo e, mais extensamente, de uma comunidade ou de uma população, foco de atenção dos Projetos da FPP. Estão relacionados aos fatores sociais, econômicos, culturais, étnico-raciais, psicológicos e comportamentais que influenciam e vulnerabilizam a ocorrência de problemas de saúde e seus fatores de risco na população. Os determinantes da saúde podem ser reagrupados em várias categorias: comportamentos pessoais e estilo de vida, fatores sociais, condições de vida e de trabalho; acesso aos serviços de saúde, condições gerais socioeconômicas, culturais e ambientais e, fatores genéticos ou intrínsecos ao indivíduo.

Com a ciência de que, a saúde é o resultado das condições de alimentação, educação, renda, meio ambiente, trabalho, transporte, emprego, lazer, liberdade, acesso e posse de terra e acesso a serviços de saúde, que estão intimamente ligados a organização social e a desigualdade das condições sociodemográficas, étnico-raciais, de gênero e ambientais, os projetos de extensão encontram suas ações contributivas na sociedade (ROZIN, 2019).

O Relatório final produzido em 2008, da Comissão de Determinantes Sociais da Saúde da OMS, propôs um modelo conceitual inspirado no anteriormente, elaborado por Finn Diderichsen e outros pesquisadores (ROZIN, 2019). Enquadra não apenas os fatores que influenciam o estado de saúde dos indivíduos e das comunidades (determinantes da saúde), mas também aqueles envolvidos na distribuição desigual da saúde dentro da população (determinantes das desigualdades em saúde).

Essa desigualdade comumente vivenciada no Brasil, fruto de políticas essencialmente higienistas e excludentes, possibilitaram a prevalência dos agravos e doenças negligenciadas, aquelas que não só prevalecem em condições de vulnerabilidades, mas contribuem para a manutenção do quadro de desigualdade, representando forte obstáculo ao desenvolvimento dos países.

Portanto, os projetos de extensão contribuem para a análise crítica dos problemas de saúde/sociais da comunidade atrelados às estratégias de ensino e pesquisa, que possam modificar a atenção às demandas de natureza profissional e educacional. Favorece a construção compartilhada de planos de ação, intervenções que corroboram para a melhoria da saúde comunitária, aplicação de ferramentas de acompanhamento e avaliação, bem como a criação de espaço de diálogo entre os envolvidos.

Os objetivos abarcam desenvolver e aprimorar ações em todas as instâncias, criando projetos inovadores; realizar intervenções solidárias capazes de estabelecer vínculos entre as necessidades da sociedade e o conhecimento acadêmico; favorecer a reflexão crítica da realidade por meio da problematização. Ainda, reafirma o compromisso de trabalhar em parceria com outros atores da área de saúde para contribuir com a melhoria do sistema de saúde e da saúde das pessoas através da sua missão de educação e pesquisa.

Possibilita aos acadêmicos descobrir as necessidades sociais, buscando mecanismos que inter-relacionem a academia e a sociedade para ações que contribuam para melhoria da qualidade de vida e saúde, com vistas ao desenvolvimento da consciência social e política na formação de profissionais-cidadãos.

Ainda no que concerne a Resolução CNE/CES nº 7 de 18 de dezembro de 2018, é importante destacar:

> Art. 10 Em cada instituição de ensino superior, a extensão deve estar sujeita à contínua autoavaliação crítica, que se volte para o aperfeiçoamento de suas características essenciais de articulação com o ensino, a pesquisa, a formação do estudante, a qualificação do docente, a relação com a sociedade, a participação dos parceiros e a outras dimensões acadêmicas institucionais.
>
> Art. 11 A autoavaliação da extensão, prevista no artigo anterior, deve incluir:
> I – a identificação da pertinência da utilização das atividades de extensão na creditação curricular;
> II – a contribuição das atividades de extensão para o cumprimento dos objetivos do Plano de Desenvolvimento Institucional e dos Projetos Pedagógico dos Cursos;
> III – a demonstração dos resultados alcançados em relação ao público participante.

Nesta perspectiva, fomenta-se o espírito crítico e solidário, incitando docentes e discentes a problematizarem diferentes realidades em busca da ampliação de conhecimentos e práticas que possam contribuir para a transformação e melhoria das mesmas.

Ao longo de 8 anos de registros de indicadores da FPP, vale destacar que aproximadamente 1.200 estudantes participaram dos Projetos de Extensão, impactando mais de 11.500 pessoas, que receberam ações de saúde por meio dos projetos. Nos capítulos seguintes, serão apresentados os Projetos de Extensão desenvolvidos nas Faculdades Pequeno Príncipe, com descrição das experiências vivenciadas e resultados alcançados em cada projeto desenvolvido.

REFERÊNCIAS:

ALMEIDA, L. P. **A extensão universitária no Brasil**: processos de aprendizagem a partir da experiência e do sentido. DIRE n° 7: Lesuniversités latino-américaines aujourd'hui: expressions locales. [*S.l.*], 2015. Disponível em: http://epublications.unilim.fr/revues/dire

ALMEIDA, M. J. Gestão da escola médica: crítica e autocrítica. **Revista Brasileira de Educação Médica**, v. 32, n. 2, p. 202-209, 2008.

BRANDAO, E. R. M.; ROCHA, S.V.; SILVA, S. S. Práticas de integração ensino-serviço-comunidade: Reorientando a formação médica. **Rev. bras. educ. med.**, v. 37, n. 4, p. 573-577, 2013.

BRASIL. Ministério da Educação. Conselho Nacional de Educação. **Resolução n° 7, de 18 de dezembro de 2018**. Brasília, 2018.

CODATO, L. A. B. **Integração ensino-serviço de saúde**: uma compreensão por meio da fenomenologia Heideggeriana. Tese (Doutorado) – Londrina, 2015.

CYRINO, A. P.; GODOY, D. C.; CYRINO, E. G. **Saúde, ensino e comunidade**: reflexões sobre práticas de ensino na atenção primária à saúde. São Paulo: Cultura Acadêmica, 2014.

FACULDADES PEQUENO PRÍNCIPE – FPP. **Plano de Desenvolvimento Institucional (PDI)**. Curitiba, 2016.

FACULDADES PEQUENO PRÍNCIPE – FPP. **Resolução n° 008 de 2011 do Conselho Acadêmico**. Curitiba, 2011.

FORPROEX. Fórum de Pró-Reitores das Instituições Públicas De Educação Superior Brasileiras (Forproex). **Política Nacional de Extensão Universitária**. Manaus, 2012.

GONZALEZ, A. D.; ALMEIDA, M. J. Integralidade da saúde: norteando mudanças na graduação dos novos profissionais. **Ciênc. saúde coletiva**, v. 15, n. 3, p. 757-762, 2010.

MOREIRA, C. O. F.; DIAS, M. S. A. Diretrizes Curriculares na saúde e as mudanças nos modelos de saúde e de educação. **ABCS Health Sci.**, v. 40, n. 3, p. 300-305, 2015.

MORIN, E. **Ciência com consciência**. 14. ed. Rio de Janeiro: Bertrand Brasil, 2010b.

MORIN, E. Por uma reforma do pensamento. *In:* PENA-VEGA, A.; NASCIMENTO, E. P. do (org.). **O pensar complexo**: Edgar Morin e a crise da modernidade. Rio de Janeiro: Garamond, 2010a. p. 21-34.

ROZIN, L. **Políticas de Saúde no Brasil**: da história ao atual Sistema Único de Saúde. BeauBassin-Mauritius: Novas Edições Acadêmicas, 2019.

SANTOS, S. S. C.; HAMMERSCHMIDT, K. S. A. A complexidade e a religação de saberes interdisciplinares: contribuição do pensamento de Edgar Morin. **Rev. bras. enferm.**, v. 65, n. 4, p. 561-565, ago. 2012.

TEIXEIRA, C. F.; PAIM, J. S.; VILAS BOAS, A. L. SUS: modelos assistenciais e vigilância da saúde. **Informe Epidemiológico do SUS**, v. 7, n. 2, p. 7-28, 1998.

PROJETO DE EXTENSÃO MULHER SAUDÁVEL: integração, ensino, serviço e extensão

Adriana Cristina Franco
Susiane Artuzi Mota e Silva
Ivete Palmira Sanson Zagonel

Introdução

O presente capítulo apresenta a experiência de 14 anos de realização do Projeto de Extensão Mulher Saudável (PEMS), tendo como foco o cuidado à mulher na interlocução multidimensional de saberes e fazeres, na integração de duas áreas do Ensino Superior, a de ensino e extensão.

É uma experiência que utiliza distintas metodologias para ativar a potencialidade da participação de estudantes em ações extracurriculares, agregando ao processo de ensino-aprendizagem, tendo como base a realidade. A vivência com docentes e estudantes mobilizam características inerentes ao trabalho com comunidades exigindo empatia, inovação, dedicação, proatividade, resolubilidade e engajamento.

O Projeto de Extensão Mulher Saudável oferece oportunidade de aprendizado, com a união de esforços de equipe multiprofissional, fornecendo potencialidades e resultados benéficos, com o propósito de melhorar a saúde da população de mulheres trabalhadoras do Hospital Pequeno Príncipe (HPP), braço assistencial do Complexo Pequeno Príncipe, ao qual também se integram a Faculdades Pequeno Príncipe (FPP), braço educacional e Instituto de Pesquisa Pelé Pequeno Príncipe (IPPPP), braço da pesquisa.

Neste cenário, observou-se a necessidade de efetivar ações que privilegiassem a mulher trabalhadora para o cuidado à saúde geral e ginecológica, além de desenvolver um *lócus* de aprimoramento aos estudantes dos Cursos de Enfermagem, Medicina, Farmácia, Biomedicina e Psicologia das Faculdades Pequeno Príncipe (FPP).

As ações do Projeto de Extensão Mulher Saudável vão além do atendimento à mulher trabalhadora no âmbito individual, inclui busca ativa no hospital, lembretes em contracheque, cartazes fixados nos registro-ponto e em locais estratégicos do Complexo, palestras de motivação ao cuidado à saúde ginecológica, abordagens educativas em forma de roda de conversa, reconsultas para entregas de resultados do exame, encaminhamento para consultas médicas, bem como encaminhamento a serviço especializado de média e alta complexidade sempre que necessário. O projeto prevê o monitoramento dos exames citopatológicos alterados com contato frequente com as trabalhadoras sobre o monitoramento das alterações.

As ações desenvolvidas, por meio de projetos de extensão, a exemplo do PEMS, potencializam a integração ensino-serviço, além de favorecer a articulação entre teoria e prática e o contato com a comunidade. Nesse sentido, Schmeider (2018) salienta que a integração entre ensino-serviço é um ponto chave para a formação na área de saúde, unindo docentes, estudantes, profissionais de saúde e pacientes.

A vivência de integração ensino-serviço durante a formação profissional contribui para absorver as nuances que perpassam pela rede de integração, facilitando sobremaneira o exercício profissional futuro, o trabalho em equipe e a visão de interdisciplinaridade (PIZZINATO *et al.*, 2012).

A integração ensino-serviço contribui para, "[...] um olhar abrangente do processo saúde/doença, para o conhecimento do trabalho em equipe e seu funcionamento [...] formação crítico-construtivista, oportunidade de desenvolver e aperfeiçoar habilidades de cuidado, educação, gerência e pesquisa" (MARIN *et al.*, 2014).

Cristofoletti e Serafim (2020, p. 8) estabelecem a ideia de extensão,

> [...] enquanto processo; a ideia de diálogo e da troca entre os conhecimentos acadêmicos e dos grupos sociais; a indissociabilidade e integração entre ensino, pesquisa e extensão; a extensão enquanto produtora de conhecimento e transformadora do ensino e da pesquisa; a ideia de interdisciplinaridade; e a noção de visão integrada do social (CRISTOFOLETTI; SERAFIM, 2020, p. 8).

É com esse entendimento que o PEMS se insere no serviço para contribuir, trocar, ensinar e aprender, com envolvimento solidário entre os atores que buscam a qualidade das ações em saúde.

O planejamento das ações do Projeto de Extensão Mulher Saudável, busca resgatar conteúdos teórico-práticos de detecção precoce do câncer de mama e de colo uterino, atuando diretamente com mulheres trabalhadoras, considerando os dados epidemiológicos do Brasil, Paraná e Curitiba.

De acordo com os dados epidemiológicos do INCA (2020), para o Brasil, estimam-se que 66.280 casos novos de câncer de mama, para cada ano do triênio 2020-2022. Esse valor corresponde a um risco estimado de 61,61 casos novos a cada 100 mil mulheres. O número de casos novos de câncer do colo do útero esperados para o Brasil, para cada ano do triênio 2020-2022, será de 16.590, com um risco estimado de 15,43 casos a cada 100 mil mulheres. O câncer do colo do útero é um dos mais frequentes tumores na população feminina e é causado pela infecção persistente por alguns tipos do papilomavírus humano (HPV). No Paraná, as estimativas para o ano de 2020 do número de casos novos de câncer indicam, para o câncer de mama feminina 3.470 casos e para câncer de colo de útero 990 casos.

Segundo estimativas da Secretaria Municipal de Saúde de Curitiba-Paraná:

> [...] os casos novos de câncer invasivo no biênio 2018-2020 é de 6.920, sendo 3390 para o sexo feminino e 3.530 para o masculino, sendo que destes a neoplasia de mama foi a principal causa de óbito (17,3%) no sexo feminino, acompanhada pela de traqueia, brônquios e pulmões (11,2%) e de cólon e reto (10,8%) (CURITIBA, 2019).

Com relação a incidência de neoplasia maligna de mama feminina no Brasil, tem-se conforme o estado a representação na Figura 1.

Figura 1 – Representação espacial das taxas ajustadas de incidência por 100 mil mulheres, estimadas para o ano de 2020

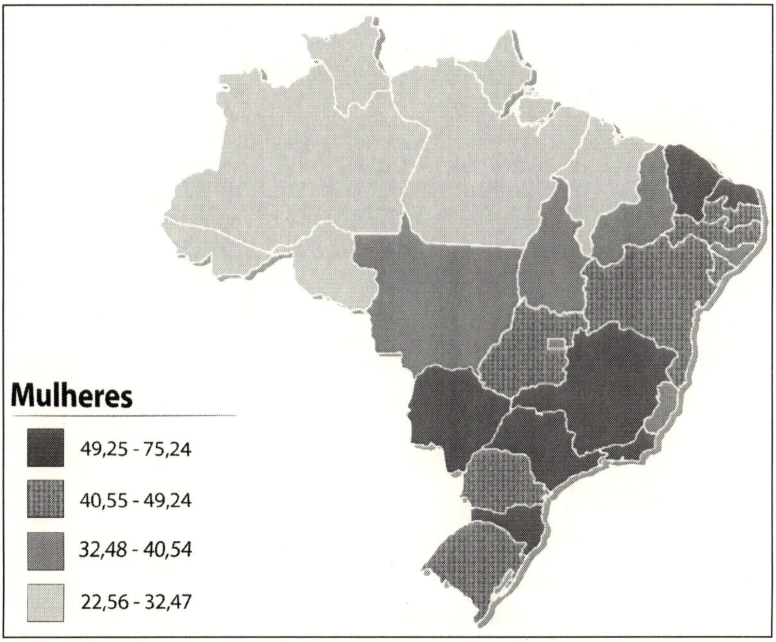

Fonte: INCA (2019).

Com relação a incidência de neoplasia maligna do colo do útero no Brasil, tem-se conforme o estado a representação na Figura 2.

Figura 2 – Representação espacial das taxas ajustadas de incidência por 100 mil mulheres, estimadas para o ano de 2020

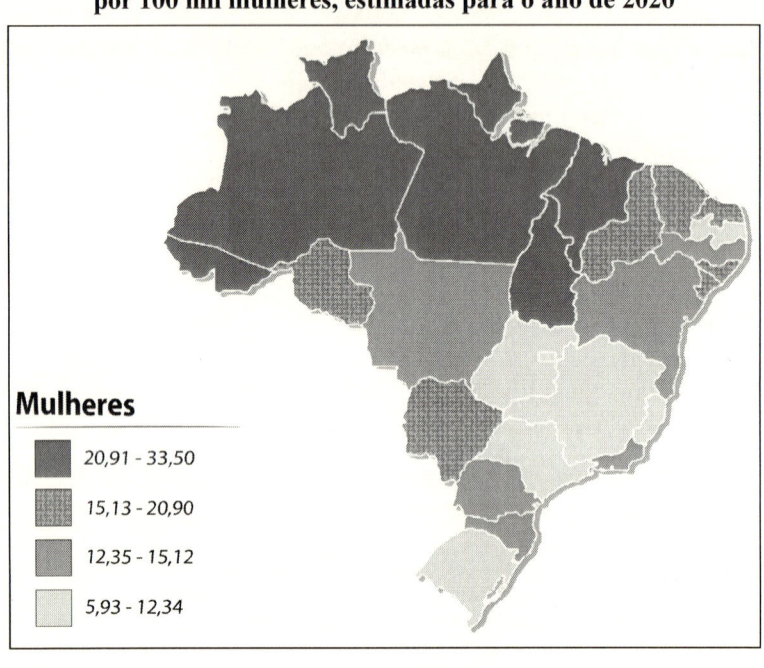

Fonte: INCA (2019).

Com esta contextualização, demonstra-se a importância e relevância de abordar a área de Saúde da Mulher junto à comunidade de mulheres trabalhadoras, no sentido de transformar hábitos, estilos de vida, para o cuidado integral à saúde, apoiando, instruindo, mobilizando, com vistas à detecção precoce destes dois tipos de cânceres.

Ainda, resgata-se a articulação da extensão ao cuidado, na integração ensino, serviço, extensão, ressaltando na Resolução nº 7, de 18 de dezembro de 2018, o Artigo 5º, inciso I, em que estabelece como um direcionador da extensão "a interação dialógica da comunidade acadêmica com a sociedade, por meio da troca de conhecimentos, da participação e do contato com as questões complexas contemporâneas presentes no contexto social" (BRASIL, 2018).

Ao entrelaçar Ensino, Pesquisa e Extensão, a FPP reativa os pilares da educação, objetivando uma formação integral em que discentes e docentes convivem com a realidade de aprender, de interagir, de pesquisar e de transformar. Ainda, considera as Diretrizes Curriculares Nacionais para a área de saúde, as quais estabelecem proposições, norteadores, competências a serem atingidas por todas as profissões da área de saúde.

A troca de saberes, fazeres e experiências têm contribuído para o amadurecimento profissional e o desenvolvimento da interprofissionalidade nos estudantes. Mostram-se conhecedores de seus papéis e atribuições profissionais, bem como conhecem o papel do colega de outra categoria profissional, ainda durante a graduação, contribuindo para o desenvolvimento da competência colaborativa no trabalho em equipes.

Resgate da História

O Projeto de Extensão Mulher Saudável surgiu em 2006, coordenado à época, pela Direção Acadêmica, com envolvimento de uma docente enfermeira com especialidade na área, em que se propôs a ofertar ações de prevenção, promoção e qualidade de vida no trabalho de mulheres.

O projeto propôs implantar e implementar a Consulta de Enfermagem por meio do Programa Mulher Saudável, com ênfase na prevenção e detecção precoce de câncer de mama e de colo uterino das mulheres trabalhadoras em instituição hospitalar de Curitiba; identificar o perfil das mulheres trabalhadoras em relação aos resultados do exame preventivo de Papanicolau e de mama, a fim de propor ações educativas de prevenção e promoção a saúde e subsidiar estudos e pesquisas de graduação nas áreas de enfermagem, farmácia e biomedicina que envolve a temática saúde da mulher.

O PEMS objetivou em sua concepção inicial a realização de consultas de enfermagem em ginecologia enfatizando a prevenção dos cânceres de colo uterino e mama e sua interface com a saúde ocupacional. Com a evolução da realização do Projeto, estudantes de outros cursos foram se inserindo, agregando conhecimentos diversificados, olhares distintos de cada área de formação, tendo contato direto com a área saúde e a população feminina assistida. Com este avanço percebeu a necessidade de incorporar a educação em saúde, como ferramenta de transformação da prática e promoção de melhorias da qualidade de vida.

Entendendo como espaço de integração entre ensino, serviço beneficiado e a população atendida com a oferta de assistência integral e de qualidade, propiciando aos estudantes um campo de prática para potencializar o desenvolvimento de técnicas e a vivência com grupo específico da comunidade.

Assim, o PEMS possibilita que os estudantes dos diversos cursos da FPP, junto com a docente, possam realizar os passos da abordagem da Consulta de Enfermagem, Consulta Médica, abordagens de orientação pelos estudantes de psicologia e educação em saúde incluindo todos os estudantes envolvidos. O exame de citopatologia é coletado pelos estudantes que possuem esta habilidade dentro de sua formação profissional, o qual permite o rastreamento do câncer de colo uterino, de modo a possibilitar sua prevenção, visto que identifica lesões ainda em estágios anteriores à neoplasia.

O projeto de pesquisa "Mulheres trabalhadoras de instituição hospitalar e os fatores de risco relacionados ao câncer de colo uterino e mama sob a ótica da enfermagem" foi aprovado pelo Comitê de Ética em Pesquisa envolvendo Seres Humanos do Hospital Pequeno Príncipe – CEP- HPP, sob nº 659.197

O PEMS realiza suas atividades em parceria com a Central de Apoio ao Colaborador (CAC) localizada nas proximidades do Hospital Pequeno Príncipe. A CAC, criada em 1999, funciona em parceira com Serviço Especializado de Engenharia de Segurança e Medicina do Trabalho (SEESMT), local em que o Projeto dispõe de sala específica para as suas atividades.

A CAC, tem como objetivo oferecer suporte socioeconômico e psicológico, a fim de zelar pelo bem-estar dos colaboradores do Complexo Pequeno Príncipe com o foco constante na valorização e no aprimoramento pessoal e profissional, auxiliando na satisfação pessoal e na produtividade dos profissionais da instituição. Oferece suporte psicológico e orientações em relação às necessidades socioeconômicas, que integra o setor de Recursos Humanos. A preocupação com a qualidade de vida e a saúde do colaborador, com objetivo de minimizar os efeitos que o estresse ocupacional causa nos indivíduos é uma ação concreta do Hospital Pequeno Príncipe. Por meio da Central de Atendimento ao Colaborador Pequeno Príncipe, a instituição disponibiliza um espaço para apoiar, ouvir e cuidar dos colaboradores, oferecendo atividades gratuitas no horário do expediente, para a busca de um equilíbrio entre a saúde física e mental, além das relações pessoais, espiritual e profissional.

A CAC, preocupa-se em oferecer serviços diferenciados em cuidar, ouvir e apoiar, zelando sempre pelo bem-estar e pelo desempenho das atividades laborais que "é cuidar de vidas" e constantemente busca parcerias com profissionais voluntários qualificados e convênios com instituição de ensino para conseguir realizar as atividades sem custo aos colaboradores.

Todos os atendimentos são realizados na instituição, sem que o colaborador tenha custo de deslocamento, as atividades acontecem em dias diferentes com agenda conforme a disponibilidade da instituição e dos profissionais, sendo prática habitual das coordenações liberarem suas equipes a participarem dos serviços.

Sob ótica da gestão da CAC, o PEMS ofereceu ao longo destes anos inúmeros atendimentos e orientações realizadas na instituição e ficando clara a importância do cuidado com as colaboradoras, que hoje representa 83% do quadro funcional do Complexo Pequeno Príncipe. Lembrando que a satisfação de ter este benefício de qualidade e cuidado faz com que a satisfação interna seja visível. Além do exame e orientações são realizadas palestras de conscientização com temas relacionados com a saúde, que são realizadas em "*loco*", nos setores de alta complexidade para os colaboradores que não conseguem sair para os treinamentos e nas campanhas Outubro Rosa e Novembro Azul. Com a praticidade de ofertar este benefício na instituição, obtém-se melhor satisfação interna, retenção, diminuição no absenteísmo e melhor produtividade.

A partir de 2020, os projetos de extensão passam para a Direção de Extensão, mantendo as ações realizadas até então. Em março de 2020, as atividades do PEMS foram interrompidas pela ocorrência da Pandemia da covid-19, seguindo estritamente as restrições sanitárias determinadas.

Seleção dos extensionistas

A seleção dos extensionistas se dá por meio de edital que oportuniza a participação no contra turno. É feita uma entrevista que aborda disponibilidade para ações presenciais, para as ações não presenciais como a construção do portfólio, a aptidão pelo tema, a afinidade com a educação em saúde, entre outros.

A seleção dos extensionistas está vinculada também ao período que estão cursando posto que é pré-requisito ter conhecimento prévio de saúde ginecológica, abordado na formação.

Salientam-se os números, desde a concepção do PEMS, de estudantes e público atingido no período de 2006-2019. Pelas características das ações desenvolvidas no PEMS o número de estudantes participantes é reduzido, pois trata-se de contato direto com a mulher trabalhadora, durante a consulta de enfermagem e demais atividades, não permitindo muitas pessoas durante este momento no consultório. A participação dos extensionistas dá-se no formato de rodízio, para que todos possam passar por todas as atividades propostas e vivenciar o cuidado à mulher em seu contexto de trabalho.

O processo seletivo ocorre anual ou semestralmente, a depender da substituição dos estudantes, por impedimentos como indisponibilidade pela carga horária de atividades nos cursos, conclusão do curso ou por desistência voluntária. A entrevista possibilita a interação docente e candidato para troca de expectativas e aspirações para a participação no projeto de extensão, bem como suas habilidades e conhecimentos prévios sobre a saúde da mulher.

Quadro 1 – Distribuição do número de estudantes e público assistido nas Consultas de Enfermagem no período de 2006-2019

Estudantes	2006	2007	2008	2009	2010	2011	2012	Total
Mulher Saudável	12	3	3	5	2	2	1	28
Estudantes	2013	2014	2015	2016	2017	2018	2019	Total
Mulher Saudável	2	2	4	3	5	4	11	32
Total geral								60

continua...

continuação

Público	2006	2007	2008	2009	2010	2011	2012	Total
Mulher Saudável	72	76	50	44	50	90	66	**382**
Público	2013	2014	2015	2016	2017	2018	2019	Total
Mulher Saudável	84	80	112	84	104	134	150	**814**
Total geral								**1.196**

Fonte: Dados do PEMS (2019).

Desenvolvimento das ações

O PEMS, atua com abordagem individual, por meio da consulta de enfermagem e outra no âmbito coletivo, envolvendo o público interno e externo ao HPP. Ao público interno foram assistidas 762 trabalhadoras de diferentes áreas/profissões especificadas no quadro abaixo, no ano de 2019.

Gráfico 1 – Distribuição das profissões de mulheres trabalhadoras que foram assistidas pelas Consulta de Enfermagem no PEMS

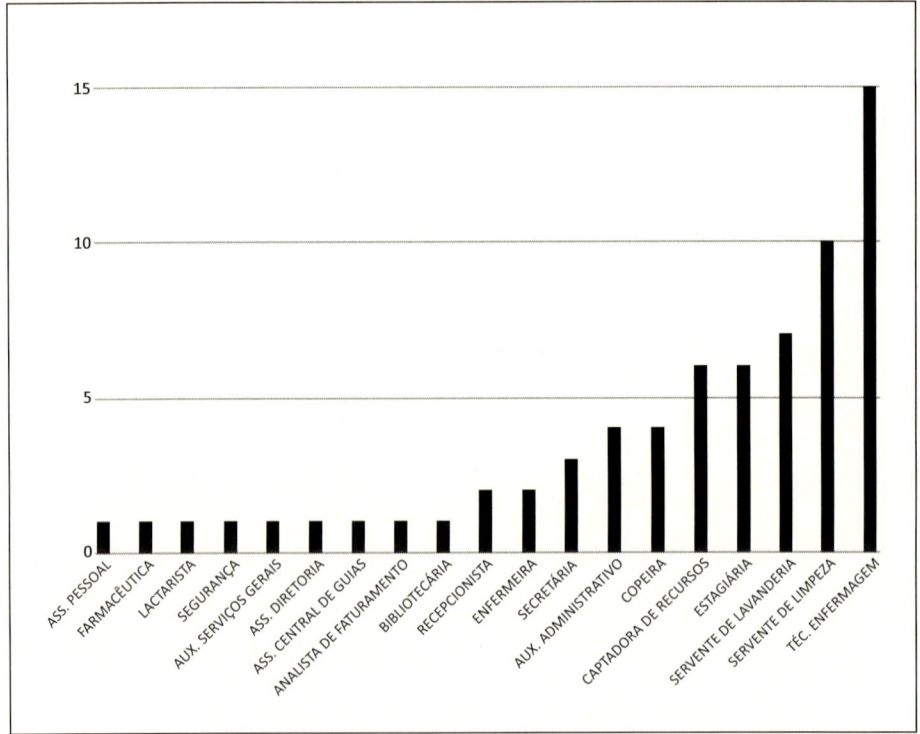

Fonte: Relatório Anual do PEMS (2019).

Ao público externo, o PEMS desenvolveu ações educativas em empresas públicas e privadas, contribuindo para a sensibilização de mulheres e homens em Campanhas Nacionais como, Outubro Rosa e Novembro Azul, além de participar ativamente de todas as edições da SIPAT (Semana Interna de Prevenção de Acidentes de Trabalho) promovidas pela CAC em parceira com o SEESMT do HPP.

O fluxo de Consultas de Enfermagem se inicia, a partir da abertura de agenda no sistema informatizado, e ocorre duas vezes por semana, pela manhã e tarde, com número aproximado de cinco a seis consultas ao dia e realiza contato telefônico prévio às colaboradoras para confirmação de presença. O registro deste agendamento é on-line, o que permite planejar a consulta com antecedência, acessar os dados dos prontuários, para desenvolver estudos de caso clínico prévio e gerar aprendizagem significativa.

Apoiado na Resolução Cofen nº 358/2009, o Processo de Enfermagem e dentro deste, a Consulta de Enfermagem, recebe esta denominação, quando realizado em ambientes públicos e/ou privados e ambulatoriais:

> § 2º – quando realizado em instituições prestadoras de serviços ambulatoriais de saúde, domicílios, escolas, associações comunitárias, entre outros, o Processo de Saúde de Enfermagem corresponde ao usualmente denominado nesses ambientes, como Consulta de Enfermagem.
>
> Art. 2º O Processo de Enfermagem organiza-se em cinco etapas inter-relacionadas, interdependentes e recorrentes:
> I – Coleta de dados de Enfermagem (ou Histórico de Enfermagem) – processo deliberado, sistemático e contínuo, realizado com o auxílio de métodos e técnicas variadas, que tem por finalidade a obtenção de informações sobre a pessoa, família ou coletividade humana e sobre suas respostas em um dado momento do processo saúde e doença.
> II – Diagnóstico de Enfermagem – processo de interpretação e agrupamento dos dados coletados na primeira etapa, que culmina com a tomada de decisão sobre os conceitos diagnósticos de enfermagem que representam, com mais exatidão, as respostas da pessoa, família ou coletividade humana em um dado momento do processo saúde e doença; e que constituem a base para a seleção das ações ou intervenções com as quais se objetiva alcançar os resultados esperados.
> III – Planejamento de Enfermagem – determinação dos resultados que se espera alcançar; e das ações ou intervenções de enfermagem que serão realizadas face às respostas da pessoa, família ou coletividade humana em um dado momento do processo saúde e doença, identificadas na etapa de Diagnóstico de Enfermagem.

IV – Implementação – realização das ações ou intervenções determinadas na etapa de Planejamento de Enfermagem.

V – Avaliação de Enfermagem – processo deliberado, sistemático e contínuo de verificação de mudanças nas respostas da pessoa, família ou coletividade humana em um dado momento do processo saúde doença, para determinar se as ações ou intervenções de enfermagem alcançaram o resultado esperado; e de verificação da necessidade de mudanças ou adaptações nas etapas do Processo de Enfermagem.

Constata-se que em virtude da natureza do trabalho em ambiente hospitalar, a presença das trabalhadoras às consultas de enfermagem fica prejudicada, quando necessitam suprir ausência de recursos humanos em seus setores, compromissos pessoais ou familiares, preparo para o exame inadequado para a coleta de material, troca de plantões e outros fatores. Estes aspectos levam a pensar, sobre a necessidade de intensificar a conscientização sobre a importância da saúde ocupacional no campo da saúde da mulher.

Para suprir as ausências, a equipe empenha-se em realizar a busca ativa com ligações telefônicas de incentivo a remarcação da consulta com intuito de manter a saúde ginecológica em dia. Ações de sensibilização pela educação em saúde, se fazem necessárias para manter a aproximação e o vínculo entre a trabalhadora e o projeto e também oportunizar aos estudantes reflexões sobre a saúde das mulheres no contexto da saúde ocupacional: avanços e retrocessos.

Para Lima *et al.* (2019), como parte de um conjunto de práticas pedagógicas, a Educação em Saúde, envolve conhecimentos de diferentes áreas de atuação visando mudança de prática e reflexões críticas do cotidiano. Sendo assim, faz-se necessário fortalecer e as ações de educação em saúde voltadas para prevenção e para à promoção da saúde.

As ações desenvolvidas de educação em saúde em parceria com o CAC são monitoradas por meio da frequência de participação das colaboradoras por temas específicos, e quais extensionistas que realizaram em cada atividade educativa por setor e data, bem como o feedback formativo.

Em 2019, os temas abordados para o público interno do HPP e o número de participantes em cada atividade educativa estão abaixo relacionados:

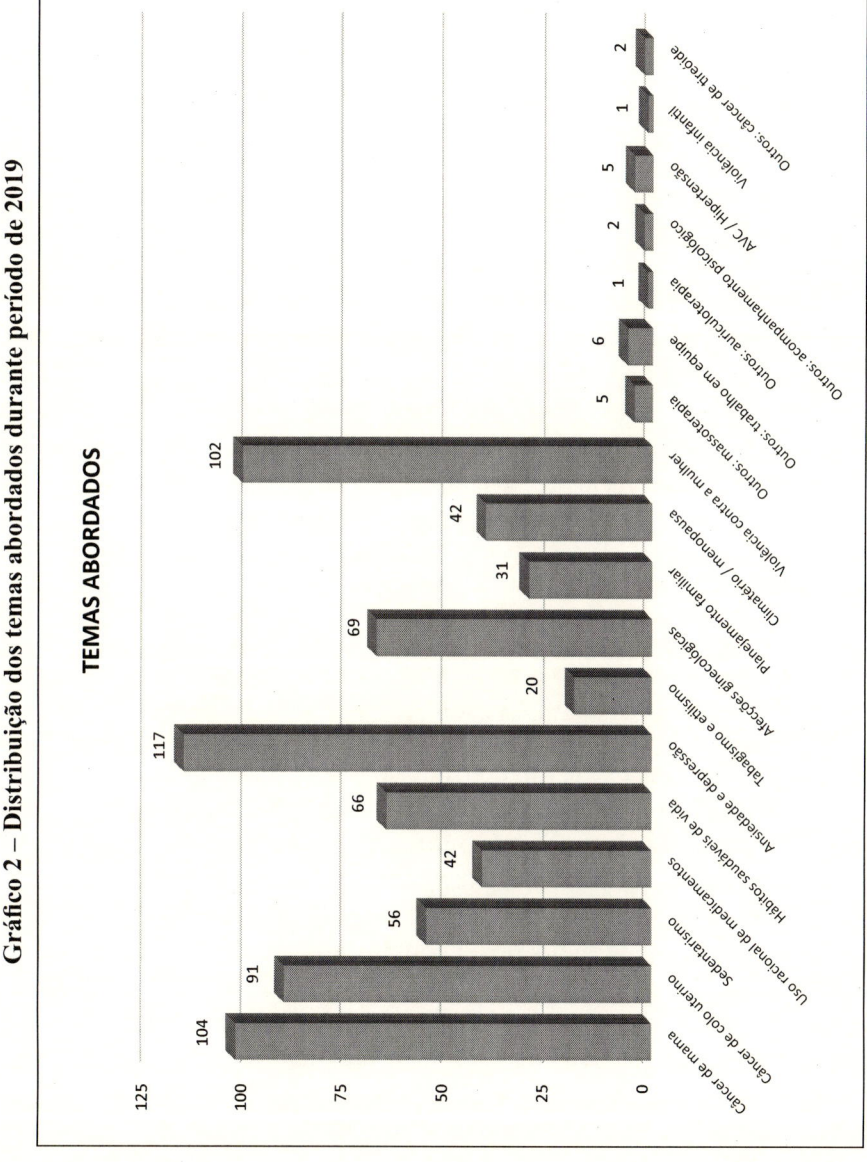

Gráfico 2 – Distribuição dos temas abordados durante período de 2019

Fonte: Relatório Anual do PEMS (2019).

Para proporcionar melhor entendimento sobre o resultado de exames colpocitológicos, o projeto oferece a reconsulta, momento este que os extensionistas exercitam as orientações e esclarecimentos acerca do resultado, de modo compreensivo, traduzindo a linguagem técnica para linguagem de fácil compreensão. Outra atividade com participação intensa é a roda de conversa para posterior entrega de laudos da citologia. São momentos de interação entre o técnico e o compreensível por meio de diálogo e dinâmicas de grupo. Isto somente é possível uma vez que se conta com a colaboração das chefias dos setores na dispensa de suas colaboradoras para este momento.

Outra forma utilizada para a sensibilização das trabalhadoras é a colocação de cartazes em locais estratégicos que trazem em seu bojo a importância da prevenção de doenças e a promoção da saúde ocupacional no contexto da saúde ginecológica. Soma-se a esta ação a participação anual do PEMS da Semana Interna de Prevenção de Acidentes de Trabalho – SIPAT, parceria entre o SEESMT, CAC, e PEMS em franca atividade até os dias atuais.

No âmbito coletivo, o PEMS vem desenvolvendo uma programação de atividades setorizadas com apoio das chefias locais. Os setores estratégicos são: entrada do colaborador, refeitório, Unidade de Terapia Intensiva, sendo que todos contam com local apropriado para esta atividade educativa. O uso de metodologias ativas vai de encontro aos métodos de ensino a aprendizagem adotados pela FPP em todos os seus cursos onde a aprendizagem passa a ser mais significativa.

Recursos utilizados

O PEMS utiliza de recursos físicos, materiais de consumo e permanente que são subsidiados pela FPP. Em consultório, o mobiliário foi adquirido pela FPP bem como a compra regular dos materiais de consumo para exames.

O material destinado a educação foi desenvolvido pelos extensionistas que por sua vez buscam métodos e técnicas ativas de aprendizagem destacando-se: jogos de tabuleiros, cards, panfletos entre outros.

A criatividade e originalidade na construção de materiais instrucionais faz parte das ações do PEMS. Dessa forma, os extensionistas usam distintas formas e diferentes estratégias de interação com pessoas ou grupos, para melhor atingir o público-alvo e concretizar a educação em saúde de forma compreensível, acessível e conscientizadora.

Monitoramento e avaliação

O projeto monitora e avalia todas as ações que são realizadas como: frequência do extensionista, por meio de registro diário, sendo este o instrumento utilizado para cálculo de carga horária cumprida no PEMS e emissão de declaração de participação, portfólio e feedback pelo docente responsável.

A qualidade da assistência prestada é monitorada por meio da análise de dados obtidos no prontuário, que se reverte em estudos e pesquisas.

No âmbito individual o monitoramento das ações ocorre pelos registros em livro próprio (livro de registros), prontuários, agendas, resultados de exames, educação em saúde, além dos itens atitudinais de dedicação, postura, assiduidade, proatividade. As ações de extensão não utilizam instrumentos específicos de avaliação formal, pois é atividade extracurricular. Porém, o diálogo, feedback das ações desenvolvidas, portfólio, as discussões dos casos clínicos, as ações de educação em saúde, realização de pesquisas que contribuem para as discussões e aprofundamento dos temas, todos juntos, contribuem para que o estudante possa perceber sua trajetória no desenvolvimento das ações de extensão, as quais agregam, somam-se aos conhecimentos específicos de sua área de formação.

Os estudantes são incentivados a participar em Seminários e Mostra de Práticas na FPP (Seminários Integrados, Semana Acadêmica – Enepe), eventos locais, estaduais e nacionais, demonstrando a produção que o PEMS desenvolve durante as ações de extensão.

O PEMS recebeu o prêmio de Mérito Acadêmico Ivete Palmira Sanson Zagonel, em 1º lugar, com o tema Projeto de Extensão Mulher Saudável: um relato de experiência na formação do enfermeiro apresentado no 14º Encontro de Ensino, Pesquisa e Extensão (Enepe) no dia 02-03/10/2017. O PEMS foi contemplado com uma bolsa, para o Programa Institucional de Bolsas de Extensão Universitária (Pibex) conforme chamada pública 10/2015 da Fundação Araucária. Oportunizou o desenvolvimento de Trabalhos de Conclusão de Curso de duas estudantes de Enfermagem e de duas estudantes Biomedicina da FPP, os quais resultaram em apresentações de trabalhos em eventos científicos.

Durante a trajetória do Projeto houve distintas participações em eventos com apresentações nas modalidades poster e oral, no Paraná e Santa Catarina.

Resultados e impactos alcançados

O resultado das atividades desenvolvidas nas consultas de enfermagem é analisado anualmente e emergem dos registros realizados em prontuários.

De acordo com o levantamento dos prontuários do ano de 2019, onde foram realizadas 68 consultas e 68 reconsultas totalizando 136, a maior parte das mulheres atendidas são residentes de Curitiba, seguidas da região metropolitana.

Foi observado ainda, que a idade de 68 mulheres trabalhadoras atendidas situou-se entre 19 e 49 anos, sendo mais prevalente entre 19 e 26 anos. Esta faixa etária mais assistida, pelo Projeto de Extensão Mulher Saudável (19 a 26 anos), é vulnerável à infecção pelo vírus HPV, em que conforme evidencia Rama *et al. (*2008), é decorrente de hábitos sexuais, de modo que muitas jovens são acometidas no início da atividade sexual, fenômeno transitório em cerca de 80% dos casos e persistente em uma pequena parcela.

Entretanto, o Instituto Nacional de Câncer (INCA, 2019) ressalta outro relevante aspecto da influência da idade sobre a infecção pelo vírus HPV. Nesse aspecto, em mulheres com menos de 30 anos há maior frequência de regressão espontânea da infecção, ao passo que, com o aumento da idade há ocorrência do contrário.

Contudo, ainda não está bem definido como a idade influencia de maneira geral na infecção por este vírus, tendo em vista que em diferentes grupos populacionais esta variável mostra-se diferente. Em estudo, foi comprovado que com o avanço da idade a infecção cai, alcançando valores inferiores a 5% após os 55 anos, fator este que os autores inicialmente atribuíram à diminuição da atividade e mudança de hábitos sexuais, mas provou-se que mesmo em mulheres mais velhas que mantém os hábitos sexuais a incidência de infecção cai, independente do comportamento sexual, parecendo estar relacionada ao desenvolvimento de imunidade tipo-específica à infecção (RAMA *et al.*, 2008).

Sobre o estado civil, observa-se um predomínio de mulheres solteiras, seguidas das casadas, viúvas, divorciadas e amasiadas. Gonçalves e Fakhouri (2008), em estudo sobre os fatores de risco para lesões precursoras de câncer de colo uterino, apontaram que o estado civil pode determinar comportamentos de maior risco para tais lesões. Neste caso, as mulheres solteiras foram identificadas como grupo de maior risco, o que segundo os autores pode ser atribuído à liberdade e independência feminina advinda dos métodos contraceptivos que alterou significativamente os hábitos sexuais femininos, promovendo sexarca precoce e um maior número de parceiros sexuais, aumentando assim, a exposição às DST's de forma direta e indiretamente o risco às lesões precursoras de câncer cervical.

Entre as doenças sexualmente transmissíveis, as quais as mulheres tornam-se mais suscetíveis pelas práticas supracitadas, há a infecção por HPV, fator predominante ao desenvolvimento do câncer de colo uterino como enfatizado por Rama *et al.* (2008).

Segundo o Instituto Nacional de Câncer (2019), a infecção por HPV se dá por contato sexual, através de pequenas abrasões na região anogenital. Com isso, apesar das mulheres acreditarem estar protegidas deste vírus pelo uso de preservativos, estes só garantem uma proteção parcial contra a infecção, relacionada a penetração, porém não afasta o risco de contaminação através do contato com a pele da vulva, a região perineal, a perianal e a bolsa escrotal.

O grau de escolaridade é um critério a ser levado em consideração. A maior incidência, referente a escolaridade foi o ensino médio completo, seguido pelo Ensino Superior incompleto. Segundo Pimentel *et al.* (2011), de maneira geral, as condições culturais, econômicas e políticas precisam ser consideradas, quando se almeja a compreensão do fenômeno saúde-doença, através do entendimento das razões que levam as pessoas a comportamentos que as expõem a um agravo de longa duração ou a eventos não condizentes com a qualidade de vida. Muitas vezes, a falta de conhecimento e conscientização sobre os fatores de risco e os agravos propriamente ditos estão diretamente relacionados à baixa cobertura de programas de prevenção no país, tendo em vista o modelo biomédico estabelecido e aceito. Cesar *et al.* (2003), evidenciaram esta influência e afirmaram que, a baixa escolaridade cria barreiras para prevenção dos cânceres de colo uterino e mama, tais como falta de conhecimento sobre os fatores de risco, método de prevenção e doença, tabus e medos, em relação à doença e a própria prevenção e a ideia de que se tratam de exames de alto custo e inacessíveis.

Além disso, como já citado na análise dos prontuários, segundo a escolaridade, tem-se que as funções menos especializadas, que exigem menos instrução para sua realização, são geralmente trabalhos mais pesados fisicamente e com isso mais exaustivos, podendo levar ao desgaste não apenas físico, mas psicológico, devido à repetitividade, monotonia e ritmo intenso. Por sua vez, podem se refletir em problemas psicossomáticos e físicos como as lesões por esforços repetitivos, a deterioração da capacidade visual, o estresse e a fadiga, que podem aumentar o risco de acidentes de trabalho, as dermatoses e os problemas reprodutivos (BRITO, 2000).

Por se tratar de um ambiente de trabalho, o PEMS analisa anualmente as áreas de atuação das trabalhadoras, a fim de ajustar a oferta e a procura, bem como o risco de exposição às doenças ginecológicas com destaque ao câncer de colo uterino e mama. No ano de 2019, a maioria das colaboradoras atendidas no projeto foi de técnicas de enfermagem, seguidas de serventes de limpeza, e demais atividades profissionais. É importante identificar o tipo de atividade desenvolvida pelas colaboradoras para a investigação dos riscos ocupacionais a qual possam estar expostas, assim como salientam Andrade e Monteiro (2007), há de considerar que os trabalhadores da área hospitalar estão expostos aos riscos biológicos e aos acidentes de trabalho com materiais perfurocortantes.

O estilo de vida estressante e sobrecarregado que as mulheres vivenciam na sociedade contemporânea, com acúmulo de funções de dupla jornada, entre trabalho remunerado e "função social" de mãe e esposa, tem se refletido em hábitos de vida cada vez menos saudáveis, com má alimentação, má qualidade do sono, abandono do autocuidado e até mesmo consumo de drogas, sejam lícitas ou ilícitas, o que se reflete em perfil epidemiológico suscetível ao câncer e a problemas ginecológicos, como as vulvovaginites (GONÇALVES; FAKHOURI, 2008).

Além das consequências citadas, o estresse, aliado a má alimentação e má qualidade do sono aumentam a incidência de leucorreia, que quando não tratada, persistente e de repetição, constitui fator de risco para o desenvolvimento de câncer cervical, além do desconforto que causa à mulher, que pode inclusive atrapalhar seu desempenho no trabalho. Ademais, esse fator estressante do trabalho se reflete no tempo de empresa, que é curto. O tempo em que as trabalhadoras estão na empresa se dá de 1 a 6 meses, o que evidencia grande rotatividade no Complexo Pequeno Príncipe.

É importante pontuar que o termo «risco» é utilizado como preditor, ou seja, que pode definir a chance de uma pessoa sadia, exposta a determinados fatores, ambientais ou hereditários, desenvolver o câncer. Os fatores associados ao aumento do risco de se desenvolver uma doença são chamados fatores de risco. Tem-se que, a maior parte dos fatores de risco pode ser encontrada no ambiente físico, sendo produto de hábitos ou costumes próprios de um determinado ambiente social e cultural. Cerca de 10% dos casos de câncer vão se dar por fatores hereditários.

Nas doenças crônicas, como o câncer, as primeiras manifestações podem surgir após muitos anos de exposição única (radiações ionizantes, por exemplo) ou contínua (no caso da radiação solar ou tabagismo) aos fatores de risco.

Considerado um dos fatores de risco, o tabagismo destaca-se pela sua incidência sendo que 6,1% das trabalhadoras consomem tabaco. Apesar do tabagismo estar presente em menos de 10% dos casos, não deixa de constituir um fator de risco de extrema relevância, não apenas para a saúde ginecológica, mas para saúde e qualidade de vida em geral da mulher trabalhadora. Nunes *et al.* (1999), destacam o tabagismo como a principal causa de morte isolada e evitável e como importante causa de doenças e mortes precoces, e enfatiza um componente de hereditariedade no tabagismo, pois constatou uma relação direta entre o hábito de fumar dos pais e a dependência de tabaco nos filhos.

Segundo Cavalcante (2005), mesmo com o vasto conhecimento científico sobre a condição de doença crônica do tabagismo e deste como fator de risco para várias doenças graves, com alto índice de mortalidade, o consumo de tabaco aumentou cerca de 50% durante o período de 1975 a 1996 com dimensão global.

O hábito de fumar traz prejuízos inumeráveis à saúde do indivíduo e da coletividade, na perspectiva dos fumantes passivos. O consumo de tabaco aumenta o risco de doenças cardiovasculares, mortes súbitas, doenças periféricas vasculares e aneurisma de aorta. O tabagismo também está associado a vários tipos de cânceres, entre eles de boca, faringe, laringe, esôfago, estômago, pâncreas, colo uterino, rins, ureter e bexiga, sendo responsável por cerca de 30% de todas as mortes por câncer. O fumo pode ainda trazer prejuízos à saúde materno-infantil, proporcionando uma diminuição de cerca de 200 gramas em recém-nascidos de mães fumantes e aumentando a probabilidade de morte neonatal em cerca de 33% em relação às não fumantes (NUNES *et al.*, 1999).

Silva *et al. (*2006), verificaram em seu estudo sobre a identificação de tipos de papiloma vírus e de outros fatores de risco para neoplasia intraepitelial cervical que a maioria das mulheres não era tabagista, no entanto as fumantes apresentaram chance de desenvolver NIC cinco vezes maior quando comparado ao grupo de não fumantes e concluiu após uma análise multivariada que os fatores de risco para NIC identificados na pesquisa foram em ordem decrescente risco oncogênico do HPV, histórico de DST, sexarca e tabagismo.

O abuso de álcool está associado a 50% dos acidentes com mortes, 50% dos homicídios, 25% dos suicídios e reduz a expectativa de vida em cerca de 10 anos (NUNES *et al.*, 1999).

Dados contidos no relatório de 2014, apontam para consumo de leve a moderado álcool entre as mulheres trabalhadoras, conforme Gráfico 3.

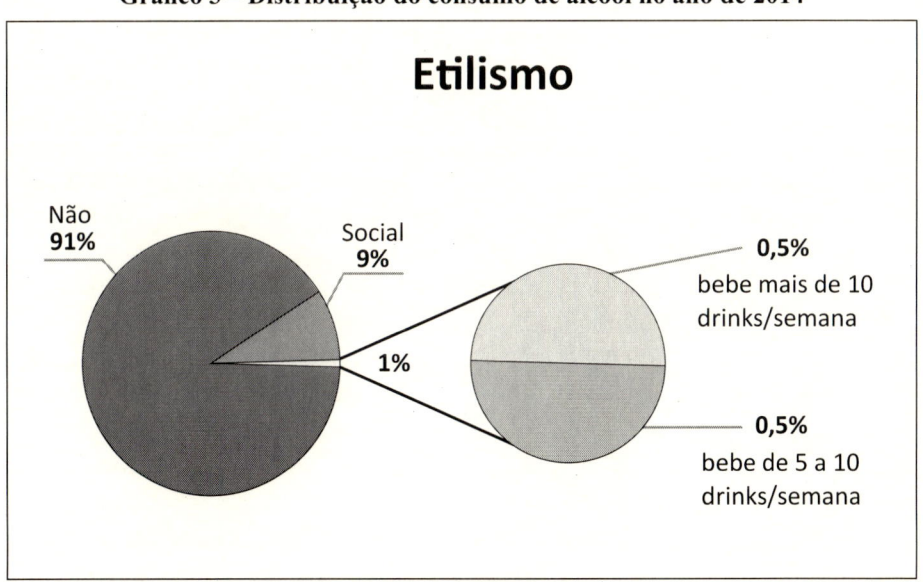

Gráfico 3 – Distribuição do consumo de álcool no ano de 2014

Etilismo

Não 91%
Social 9%
1%
0,5% bebe mais de 10 drinks/semana
0,5% bebe de 5 a 10 drinks/semana

Fonte: Dados do Projeto (2014).

Cezar (2006) ressalta que no decorrer dos anos observou-se um crescente interesse pelo alcoolismo feminino e aponta que estudos da década de 1990 demonstravam que as taxas de abuso e dependência de álcool chegavam a dois homens para uma mulher nos Estados Unidos, e em contrapartida as taxas nos tratamentos eram de quatro a cinco homens para uma mulher, ou seja, apesar do aumento de mulheres que consumiam álcool abusivamente, estas não procuravam tratamento, talvez por medo dos preconceitos sociais e julgamentos.

Bezerra *et al.* (2005), salientam em sua pesquisa sobre o perfil de mulheres portadoras de lesões precursoras de câncer de colo uterino que o uso de álcool etílico e o de drogas ilícitas, também teve a frequência observada pequena, e enfatiza que ao se questionar as mulheres quanto ao uso de tais drogas muitas se sentiram constrangidas provavelmente devido ao preconceito social relacionado a estas variáveis, podendo ter comprometido a fidedignidade dos relatos.

Outro fator de risco relevante no contexto da saúde ocupacional é a prática de atividade física e em 2019, pode-se observar uma maior prevalência de mulheres que não praticam nenhum tipo de exercício. Contudo, muitas relatam que a falta de tempo e as horas estendidas de trabalho não permitem a sua prática. Segundo Inumaru, Silveira e Naves (2011), a prática de exercícios físicos é um fator de provável proteção contra a neoplasia maligna de mama, essencialmente na pré e na pós-menopausa.

De acordo com o levantamento dos prontuários do ano de 2019, a maioria das colaboradoras não possui histórico de diabetes. Em harmonia com Mendes *et al.* (2011), os principais fatores que levaram ao surgimento de doenças crônicas foram o sedentarismo, a rápida urbanização, maior longevidade, falta de exercícios físicos e adoção de práticas como tabagismo e etilismo. De acordo com a Sociedade Brasileira de Diabete (2019) se houver uma manutenção da tendência epidemiológica, em 2045 cerca de 628,6 milhões de pessoas no mundo serão diagnosticadas com Diabete (BRASIL, 2019).

Nascimento *et al.*, (2012), afirmam que estudos observacionais demonstraram a efetividade de 90% na redução da incidência do câncer de colo uterino através da implementação de programas de rastreamento baseados na realização da Citologia Oncótica de Papanicolau a cada três anos, preconizadas para a faixa etária de 25 a 64 anos. Nesse sentido, em 2019, a maior parte das mulheres trabalhadoras, cerca de 55%, estava nas conformidades do recomendado pelo Ministério da Saúde.

Do ponto de vista clínico-ginecológico, queixas de leucorreia e dispareunia foram relatadas pelas mulheres com frequência. Segundo Fonseca *et al.* (2008), o termo leucorreia é designado à eliminação de líquido, exceto sangue, através do canal vaginal. Representa uma das principais causas de procura aos consultórios ginecológicos, principalmente por mulheres em idade fértil. Pode ser classificada em fisiológica, resultante da eliminação de muco cervical, descamação e transudação vaginal e patológica, que pode ter diferentes etiologias, sendo mais comuns as sexualmente transmitidas, e comumente nestes casos, surgem as queixas associadas a ardência ou prurido vaginal, secreções de cor e odor diversos, dispareunia e disúria.

Considerações finais

Ao concluir, pode-se afirmar que os 14 anos de desenvolvimento do Projeto de Extensão Mulher Saudável, alcançou seus objetivos e fortaleceu os laços e parcerias, tornou-se instrumento de aperfeiçoamento fora da sala de aula, extrapolou as fronteiras da curiosidade, descobertas, aprendizados e ensinamentos.

Por ser um projeto de amplo alcance, desperta interesse de estudantes de todos os Cursos da FPP, reafirmando a importância da integração curricular, da atuação profissional futura, na perspectiva de integralidade do cuidado e do interprofissionalismo.

A FPP ao ofertar as possibilidades de participação em projetos de extensão reafirma o compromisso da responsabilidade social, com vistas à formação em todos os âmbitos, envolvendo o ensino, extensão e pesquisa, com benefícios visíveis aos docentes, estudantes, participantes/comunidade e pelas contribuições de construção e difusão do conhecimento pelas pesquisas.

O PEMS neste período de atuação, reafirmou alternativas para a solução de problemas advindos da comunidade de mulheres trabalhadoras de instituição hospitalar. A extensão é considerada uma intervenção social inclusiva, em que as soluções são construídas coletivamente pelos principais beneficiados, além de complementar, agregar à formação dos futuros profissionais, os estudantes.

A ações desenvolvidas no PEMS, ocorrem dentro de processo dialógico, em que os docentes e estudantes, com seus conhecimentos teóricos, e as mulheres trabalhadoras, com os seus saberes práticos adquiridos com as situações vivenciadas, trocam suas experiências. Essa rede de interação, aumenta a formação social crítica, direciona a novos caminhos, a fim de atender diversificadas necessidades sociais, envolvendo a complexa formação social crítica dos envolvidos.

Os resultados alcançados até o momento, reafirmam que a atuação em comunidade, potencializa a estreita união de fazeres, saberes, mas principalmente o ser com o outro, ser de convivência e vínculos.

REFERÊNCIAS

ALMEIDA, Ana M.; MAMEDE, Marli V.; PANOBIANCO, Marislei S.; PRADO, Maria A. S.; CLAPIS, Maria J. Construindo o Significado da Recorrência da Doença: a experiência de mulheres com câncer de mama. **Rev. Latino-am Enf.** v. 9, n. 5, set./out. 2001.

BRASIL. Ministério da Educação. Conselho Nacional de Educação – Câmara de Educação Superior. **Resolução nº 7, de 18 de dezembro de 2018**. Diretrizes para a Extensão na Educação Superior Brasileira. Brasília, 2018.

BRASIL. Ministério da Saúde. Secretaria de Vigilância em Saúde. Secretaria de Atenção à Saúde. Instituto Nacional de Câncer. **Inquérito domiciliar sobre comportamentos de risco e morbidade referida de doenças e agravos não transmissíveis, 2002-2003**. Rio de Janeiro: INCA, 2004.

BRASIL. Ministério da Saúde. Conselho Federal de Enfermagem. **Resolução nº. 358 de 15 de outubro de 2009**. Brasília, 2009.

BRASIL. Ministério da Saúde. Sociedade Brasileira de Diabetes. **Diretrizes Sociedade Brasileira de Diabetes. Biênio 2018-2019**. Brasília: Ed. Clannad, 2019.

CRISTOFOLETTI, E. C.; SERAFIM, M. P. Dimensões metodológicas e analíticas da extensão universitária. **Educação & Realidade**, Porto Alegre, v. 45, n. 1, e90670, 2020. DOI: http://dx.doi.org/10.1590/2175-623690670

CURITIBA. Secretaria Municipal de Saúde. Centro de Epidemiologia. **Perfil de morbimortalidade das neoplasias de residentes no município**. Curitiba, 2019.

GEISA C. B. B. L.; GUIMARÃES, A. M. D. N.; SILVA, J. R. S; OTERO, L. M.; GOIS, C. F. L.; Educação em saúde e dispositivos metodológicos aplicados na assistência ao Diabetes Mellitus. **Saúde debate**, Rio de Janeiro, v. 43, n. 120, p. 150-158, jan./mar. 2019.

INCA – Instituto Nacional de Câncer José Alencar Gomes da Silva. **Estimativa 2020**: incidência de câncer no Brasil. Rio de Janeiro: Inca, 2019.

INUMARU, Lívia E.; SILVEIRA, Erica A.; NAVES, Maria M. V. Fatores de risco e de proteção para câncer de mama: uma revisão sistemática. **Cad. Saúde Pública**, v. 27, n. 7, jul. 2011.

MARIN, M. J. S.; OLIVEIRA, M. A. C.; OTANI, M. A. P.; CARDOSO, C. P.; MORAVCIK, M. Y. A. D.; CONTERNO, L. O.; BRACCIALLI, L. A. D.; NUNES, C. R. R.; JÚNIOR, A. C. S. A integração ensino-serviço na formação de enfermeiros e médicos: a experiência da FAMEMA. **Ciênc. Saúde coletiva**, v. 19, n. 3, p. 967-974, 2014.

MENDES, Telma A. B.; GOLDBAUM, Moisés; SEGRI, Neuber J.; BARROS, Marilisa B. A.; CEZAR, Chester L. G.; CARANDINA, Luana; ALVES, Maria C. G. P. Diabetes mellitus: fatores associados à prevalência em idosos, medidas e práticas de controle e uso dos serviços de saúde em São Paulo, Brasil. **Cad. Saúde Pública**, v. 27, n. 6, jun. 2011.

PASSOS, Valéria M. A.; ASSIS, Tiago D.; BARRETO, Sandhi M. Hipertensão arterial no Brasil: estimativa de prevalência a partir de estudos de base populacional. **Epidemio. E Serv. De Saúde**, v. 15, n. 1, 2006.

PIZZINATO, A.; GUSTAVO, A. S.; SANTOS, B. R. L.; OJEDA, B. S.; FERREIRA, E.; THIESEN, F. V.; CREUTZBERG, M.; ALTAMIRANO, M.; PANIZ, O.; CORBELLINI, V. L. A integração ensino-serviço como estratégia na formação profissional para o SUS. **Rev. bras. educ. med.**, v. 36, n. 1, supl. 2, p. 170-177, 2012.

REBELO, M. **Análise sobre classe social e fatores assistenciais como prognóstico para sobrevida de pacientes com câncer de mama feminina, residentes no município do Rio de Janeiro, atendidas no Instituto Nacional de Câncer**. Tese (Doutorado em Clínica Médica) – UFRJ, Rio de Janeiro, 2004.

SCHMEIDER, F. E. **Construção e validação de instrumento para avaliação da integração ensino-serviço na atenção básica em saúde**. 196 f. Dissertação (Mestrado em Ensino nas Ciências da Saúde) – Faculdades Pequeno Príncipe – FPP, Curitiba, 2018.

TRAJETÓRIA DO PROJETO EDUCAR PARA PREVENIR SOBRE EDUCAÇÃO EM SAÚDE NAS ESCOLAS E NA COMUNIDADE

Leide da Conceição Sanches
Fernanda de Andrade Galliano Daros Bastos
Graziele Francine Franco Mancarz
Luiza Tatiana Forte
Maria Cecilia Da Lozzo Garbelini

Introdução

O projeto de extensão Educar Para Prevenir teve início em 2009 nas Faculdades Pequeno Príncipe e continua, ininterruptamente, com suas atividades até os dias atuais. O marco do início das atividades do projeto em questão se deu com o advento da gripe suína, o H1N1, que causou grande comoção na comunidade, a qual reagiu de maneira perplexa diante da epidemia que se espalhou rapidamente. Diante disso, surgiu a necessidade, naquele momento, de acirrar as orientações em saúde nas escolas visto que, pequenas ações, como a lavagem adequada das mãos e/ou a utilização de álcool para desinfeção, que, concomitantemente com outras orientações poderiam salvar vidas. Tais ações se deram acompanhadas de reflexões sobre o modo como as notícias são veiculadas e chegam à população e a representação social que se faz das doenças, especialmente quando estas decorrem de epidemias, dentre outros desdobramentos. Tudo isso foi levado e discutido amplamente nas escolas parceiras, por meio de atividades lúdicas que envolveram música e dinâmica de lavagem das mãos.

A partir de então, outros temas emergiram e foram propostos pelas próprias escolas e pelo público-alvo de outras instituições parceiras, cujos estudantes e demais públicos depositam, desde então, em urnas, as suas perguntas sobre o tema escolhido, que são, na maioria das vezes, acolhidas pela IES promotora da atividade de extensão. Assim, o projeto Educar para Prevenir, surgiu da inquietação de como comunicar a comunidade escolar e outros públicos, sobre a saúde, como problema de toda sociedade.

Parte-se da indagação de como podem conviver as altas e complexas tecnologias com as doenças (pessoas) negligenciadas, como, por exemplo, malária, dengue, mal nutrição, entre outras, e todas as suas formas de complicações. Também não pode passar despercebido que, concomitantemente com o desenvolvimento rápido das tecnologias em saúde, dos controles das doenças infecciosas e da necessidade das melhorias das condições sanitárias, ocorrem alterações das condições culturais, sociais e ambientais, contribuindo para o aparecimento de algumas doenças, o que remete às mesmas como um processo social e culturalmente construído.

Isto leva a pensar, não em doença em si, mas em processo saúde-doença, pela evidência de seu caráter sociocultural. Dessa forma, a saúde ambiental não pode ser um conceito norteador somente de movimentos ambientalistas, mas deve abranger reflexões e ações que envolvam a proteção da saúde humana como um todo e no planeta. A saúde, nesta perspectiva, passa a ser global. Neste sentido, os profissionais da área de saúde têm como compromisso de cidadania, de trabalhar a saúde em sentido amplo, a fim de percebê-la em todos os seus aspectos, para além do biológico. Disso decorre o grande desafio, como fazê-lo? Como desenvolver na prática um trabalho com docentes e discentes que auxilie a perceber a complexidade da realidade, e como trabalhar a saúde em realidade complexa?

É importante ressaltar, a partir das indagações acima, que se trata de pensar a complexidade como referencial teórico, e conforme aponta Morin (1996, p. 281) "o homem é simultaneamente biológico e não biológico", o que mostra como a relação indivíduo e sociedade não pode ser ignorada. Tais relações e interações são como teias, e é neste emaranhado que se encontra o caminho mais adequado para desenvolver um trabalho que aproxime os discentes e docentes ao máximo da realidade.

Extensão: uma experiencia promotora de educação em saúde

O projeto Educar para Prevenir é fruto da experiência de onze anos de atividades ininterruptas, desenvolvidas semestralmente, cujo desafio de trabalhar com o Ensino Fundamental e Médio, levou a buscar um facilitador na comunicação em saúde – a educação de jovem para jovem/adolescente[3]. A inspiração inicial das atividades encontra-se no projeto desenvolvido pela Unicef em África, *child to child,* assim denominado, pela característica de capacitar algumas crianças para que estas disseminem o conhecimento nas aldeias, dentre outras crianças. Assim, primeiramente algumas crianças são capacitadas por adultos profissionais, e a partir daí se desencadeia um processo de disseminação do conhecimento, tanto nas famílias quanto nas comunidades.

---

3   A demanda de trabalhar com um público de todas as idades pelo projeto ampliou o objetivo inicial que era de trabalhar apenas nas escolas. Atualmente o trabalho se estende para outras instituições e comunidades, para todas as idades.

No presente projeto, os discentes estudam e preparam a atividade a ser trabalhada na escola e na comunidade, de acordo com a temática proposta, sendo eles mesmos responsáveis pela apresentação. Entende-se que a melhor metodologia que se buscou é a que mais possibilita a aproximação da realidade que possibilita o início do diálogo, já que o ser humano é de natureza multidimensional (MORIN, 1996).

Ressalta-se neste ponto, que o tripé formado pelo ensino, pela pesquisa e pela extensão constitui o eixo fundamental da integração com a comunidade. A extensão universitária é, portanto, uma forma de interação que deve existir entre a universidade e a comunidade, traduzindo-se como uma comunicação constante entre a instituição de Ensino Superior e a sociedade.

As atividades de extensão constituem-se como uma possibilidade das Instituições de Ensino Superior desempenharem sua autonomia didático-científica satisfazendo ao princípio da indissociabilidade entre ensino, pesquisa e extensão. Embora estas três funções básicas devam ser equivalentes e receber igualdade de tratamento por parte das Instituições de Ensino Superior, a extensão é, de modo geral pouco explorada, pois as atividades de ensino e pesquisa são mais evidenciadas. Para Cordeiro Moita e Andrade:

> Tratar de indissociabilidade na universidade é considerar necessariamente dois vetores de um debate: de um lado, as relações entre universidade, ensino, pesquisa e extensão; e, de outro, confluindo para a formulação de uma tridimensionalidade ideal da educação superior, as relações entre o conhecimento científico e aquele produzido culturalmente pelos diferentes grupos que compõem a sociedade (CORDEIRO MOITA; ANDRADE, p. 270, 2009).

Privilegia-se neste projeto a extensão, que é um facilitador na aproximação com a comunidade, sem deixar de levar em consideração a indissociabilidade desta com o ensino e com a pesquisa. Neste sentido, os dados advindos da extensão fornecem matéria prima para a produção de novos conhecimentos em educação em saúde, aplicáveis para a promoção e prevenção em saúde.

O projeto de extensão está em consonância com os incisos de I a VII do Regimento Interno da IES, conforme a seguir:

> I- Estimular a criação cultural e o desenvolvimento do espírito científico e do pensamento reflexivo;
> II – Formar diplomados nas diferentes áreas de conhecimento, aptos para a inserção em setores profissionais e para a participação no desenvolvimento da sociedade brasileira, e colaborar na sua formação contínua;
> III – Incentivar o trabalho de pesquisa e investigação científica, visando o desenvolvimento da ciência e da tecnologia e da criação e difusão da

cultura, e, desse modo, desenvolver o entendimento do homem e do meio em que vive;

IV – Promover a divulgação de conhecimentos culturais, científicos e técnicos que constituem patrimônio da humanidade e comunicar o saber através do ensino, de publicações ou de outras formas de comunicação;

V – Suscitar o desejo permanente de aperfeiçoamento cultural e profissional e possibilitar a correspondente concretização, integrando os conhecimentos que vão sendo adquiridos numa estrutura intelectual sistematizadora do conhecimento de cada geração;

VI – Estimular o conhecimento dos problemas do mundo presente, em particular os nacionais e regionais, prestar serviços especializados à comunidade e estabelecer com esta uma relação de reciprocidade;

VII – Promover a extensão, aberta à participação da população, visando à difusão das conquistas e benefícios resultantes da criação cultural e da pesquisa científica e tecnológica geradas na instituição.

Ao se levar em consideração a proposta de indissociabilidade do ensino, pesquisa e extensão, considera-se que o desenvolvimento deste trabalho não é tarefa fácil, pois muitas vezes, privilegia-se o modelo biomédico de ensino, em detrimento da visão multidimensional, com distanciamento dos discentes em relação às questões políticas, socioeconômicas e científicas, sendo priorizado o conhecimento técnico. Assim, são preparados profissionais para o enfrentamento dos desafios tecnológicos, mas pouco sensíveis ao uso social da ciência, ou seja, com pouca habilidade para aproveitar o conhecimento do senso comum na retroalimentação do conhecimento científico.

Nesta perspectiva, é imprescindível o desenvolvimento de ações junto à comunidade, de forma a perceber melhor a realidade e por meio dela construir novos e diferentes saberes, a partir da fusão do conhecimento popular com o científico, garantindo o intercâmbio de conhecimentos, o envolvimento com questões sociais e o desenvolvimento de ações de promoção da saúde a partir de um prisma holístico, onde as diversas visões de mundo sejam respeitadas. Para que tal desafio saia do campo das ideias é necessário a realização de projetos de largo alcance social, voltados para públicos diversificados e que sejam planejados visando atender às reais necessidades da população-alvo.

Ao se pensar a educação em saúde como uma prática libertadora, da qual fala Paulo Freire (1976), a única maneira de evocar esta prática é a aproximação da realidade, e de maneira crítica, não é qualquer aproximação, é a experiência da realidade de maneira crítica e não ingênua é que consiste na tomada de consciência. Para o autor "A conscientização não pode existir fora da práxis, ou melhor, sem o ato ação – reflexão." A consciência crítica da realidade, leva, portanto, à busca de mecanismos de aproximação desta, pois a consciência dos problemas reais só é possível a partir do próprio contexto que se pretende trabalhar.

Novamente com Freire (1976), assume-se que "a conscientização é um compromisso histórico". Isto significa que não se pode desassociar o conhecimento técnico dos problemas sociais, que envolvem desde os problemas ambientais até as desigualdades sociais. A busca do avanço social no sentido de diminuir as desigualdades sociais, passa pela democratização da saúde e seu acesso a toda população, em um contínuo desenvolvimento de altas e complexas tecnologias.

Acredita-se que a conscientização se dá de forma muito eficaz por meio da educação, e por isso propõe-se uma educação em saúde, com o objetivo de trabalhar cada questão a ser proposta, protagonizando-a e contextualizando-a de forma mais adequada possível. Esta proposta de trabalho surge da inquietação diante da maneira como o ser humano se comporta diante das questões emergentes em saúde, quando estas chegam a influenciar e até mudar causar mudança de rotina. Isto requer pensar a saúde de maneira eficaz, o que enseja reflexões e ações que envolvem a proteção da saúde humana como um todo.

O desafio é, portanto, não só levar as informações em saúde, mas torná-las reflexivas, em contexto escolar, de Ensino Médio e Fundamental, e mais recentemente, pela demanda, em outros setores da comunidade, no trabalho com outras faixas etárias. Nesta perspectiva, torna-se necessária a contextualização de toda e qualquer temática a ser trabalhada, cujo desafio é manter-se atentos e contornar os riscos de cair nos determinismos biológicos, ou seja, deve-se trabalhar cada situação problema de forma integrada. A AIDS pode ser um exemplo para ilustrar esse quadro, pois como uma epidemia moderna, traz um indicativo da importância da mudança de paradigmas no processo de educação para a saúde. Desta forma, não se trata de apenas trazer informações técnicas, mas contextualizadas, envolvendo desde as questões de sexualidade até os atores sociais envolvidos na luta de HIV/Aids, desde os portadores do vírus até os grupos de apoio que culminam hoje nas chamadas ONGs HIV/Aids (SANCHES; RASIA, 2014).

Assim, a experiência do projeto Educar para Prevenir é uma via de mão dupla, pois além de levar as informações em saúde de forma lúdica e estimulante para o aprendizado e aprofundamento dos temas trabalhados, possibilita uma formação aprofundada dos próprios discentes, futuros profissionais de saúde, envolvidos neste projeto. Os discentes, ao prepararem a atividade a ser desenvolvida, seja nas escolas ou na comunidade, aprofundam os conteúdos trabalhados nas apresentações, pelo diálogo que estabelecem nas apresentações.

Metodologias ativas como elemento facilitador da educação em saúde

O desafio é, portanto, levar as informações em saúde de maneira ativa e crítica para as escolas e outros locais. Opta-se, desta forma, conforme explicitado no item anterior, como elemento facilitador do trabalho, preparar os discentes para que estes desenvolvam as atividades (ativas) nas escolas ou em outros ambientes. O propósito inicial, que foi de levar informações em saúde para escolas, de jovem para jovem adolescente, como facilitador do processo de educação em saúde. Atualmente, não obstante o fato do projeto ter se tornado extensivo a outros públicos e idades, a ideia da educação em saúde ser preparada e colocada em prática pelos próprios discentes continua, apenas o público-alvo é que pode mudar.

Ao longo das apresentações, as paródias se tornaram uma espécie de marca do projeto de extensão Educar para Prevenir, pela expectativa que se observou nas escolas e comunidade. Portanto, as paródias foram facilitadoras na comunicação em saúde, pois segundo Santos *et al.* a paródia como metodologia ativa na educação:

> Consiste numa forma de recriar e transformar, por meio de algo que já foi criado e que pode ser identificado dentro do processo recriador, além da intenção subversiva, constituída de crítica e ironia, marcadamente reflexiva (2011, p. 22).

A paródia consolida o compromisso com a humanização em saúde, ao valorizar os saberes e as práticas populares dos contextos onde o projeto é levado. De acordo com Braga e Fagundes (2017), a prática pedagógica humanizadora é a que possibilita a abertura e o desencadeamento de diálogo com a comunidade, pois permite que os educandos sejam os próprios protagonistas do processo de educação.

Da mesma forma, as dinâmicas sempre estiveram presentes e são elaboradas de acordo com cada temática que será apresentada pelos extensionistas, sempre privilegiando o ensino-aprendizagem de forma ativa, com objetivo de envolver e estimular o público-alvo a entender e fixar o conteúdo exibido.

Diante disso, as coordenadoras do projeto e os extensionistas sempre foram instigados e impulsionados a dar continuidade nas atividades de extensão, pois se acredita que a conscientização se dá de forma eficaz por meio da educação. É dentro deste contexto e perspectivas que são desenvolvidas as atividades de extensão, que reúnem graduandos e mestrandos, de diversos cursos e profissões de saúde, também pelo propósito de tornar a prática interprofissional.

Operacionalização do Projeto Educar para Prevenir

O projeto Educar para Prevenir tem por objetivo promover a educação em saúde com base em temas atuais, levando o conhecimento em saúde a pessoas de todas as idades, nas escolas de Ensino Fundamental e Médio e em comunidades parceiras, por meio de atividades desenvolvidas por discentes de graduações em saúde e mestrandos de um programa de ensino. O intuito é levar ao conhecimento da comunidade, a proposta de ensino em saúde com enfoque na formação humana. O enfoque também se dá na preparação dos discentes, por meio de reuniões periódicas que, de forma simples e lúdica elaboram informações básicas sobre questões emergentes em saúde para alunos o público para o qual a atividade é direcionada.

A operacionalização das atividades do projeto se dá da seguinte forma:

1 – Percepção da realidade:

Pela observação e escuta, seja de seus pares, da mídia, do próprio grupo onde o trabalho será realizado, por meio de urna com perguntas, por encomenda do tema do local onde será realizada a atividade, entre outros meios de captação do tema;

2 – Pesquisa pela busca do material adequado:

Ocorre pelo estudo, aprofundamento do tema, fechamento e revisão dos aspectos operacionais e metodológicos do projeto. Os docentes envolvidos no projeto de extensão realizam reuniões para traçar metas para a aplicação do projeto, juntamente com a coordenação de extensão, onde são decididos e abordados os seguintes temas que serão abordados para públicos-alvo distintos.

3 – Seleção dos discentes:

O projeto é aberto para a participação de discentes de todos os períodos e cursos ofertados pela IES onde este é desenvolvido, e não conta com processo seletivo ou requisito prévio para ingresso. A divulgação e o convite são feitos todo início de semestre letivo, pelos discentes extensionistas que compõem o projeto e coordenadoras. Para manter-se no projeto faz-se necessário o comparecimento nas reuniões previstas no cronograma e a participação no desenvolvimento das atividades propostas, bem como a cooperação com os demais acadêmicos e com as coordenadoras envolvidas.

4 – Preparo de atividades:

Atividades como teatros, paródias e dinâmicas, são preparadas de forma lúdica para despertar o interesse e fazer o aprofundamento do tema. Dentro da proposta do projeto está a elaboração de recursos didáticos que auxiliam e contribuem de forma positiva, para que os extensionistas possam transmitir de forma acessível os conhecimentos relevantes, de acordo com o público--alvo, durante a abordagem dos temas em saúde. A partir da pesquisa desenvolvida pelos acadêmicos, sob a orientação das docentes coordenadores, as apresentações ocorrem no formato de slides, dinâmicas utilizando materiais confeccionados a partir de EVA (*Ethylene Vinyl Acetate*), materiais recicláveis, elaboração de manuais informativos, entre outros recursos utilizados. Os recursos didáticos são preparados com o uso de linguagem e diagramação adaptados ao público destinado, que varia de acordo com tema e a instituição na qual será realizada a atividade.

5 – Preparação dos discentes:

A preparação dos discentes extensionistas é feita a partir da realização de reuniões quinzenais, nas quais ocorrem rodas de conversa coordenadas pelas docentes responsáveis pelo projeto, que contam com a participação esporádica de especialistas (psicólogos, nutricionistas, médicos, etc.) que possam contribuir com a pesquisa e fundamentação da apresentação. Os extensionistas são preparados de acordo com a demanda de cada apresentação, de forma a preparar os extensionistas para desempenhar as atividades que serão propostas para públicos de diferentes faixas- etárias.

Desenvolvimento de ações: compromisso com a comunidade

Ao longo dos onze anos ininterruptos de atividade do projeto de extensão Educar para Prevenir, participaram 763 graduandos das Faculdades Pequeno Príncipe e sete mestrandos do Programa de Pós Graduação *Stricto Senso* Ensino nas Ciências da Saúde. Neste período o público-alvo alcançado pelo projeto, escolas de Curitiba e da região metropolitana e também comunidades parceiras, foi de 3.270 pessoas. Apresenta-se abaixo (Quadro 1) as atividades desenvolvidas até a presente data.

Quadro 1 – Atividades realizadas pelo projeto Educar para Prevenir no período compreendido entre 2009-2020

Data	Instituição	Apresentação
21/10/2009	Colégio de Ensino Fundamental e Médio Piraquara-PR	H1N1
05/11/2009	Congresso de Bioética PUC-PR	Paródia H1N1
25/11/2009	Colégio de Ensino Fundamental e Médio Piraquara-PR	DSTs
26/11/2009	FPP Enepe Curitiba-PR	Paródia H1N1
07/12/2009	Instituição Hospitalar Curitiba-PR	Tema DSTs
10/12/2009	Colégio de Ensino Fundamental e Médio Piraquara-PR	Drogadição
06/05/2010	FPP Enepe Curitiba-PR	Paródias H1N1 e DST
06/05/2010	Bateias/PR	H1N1
31/04/2010	Colégio de Ensino Fundamental e Médio Piraquara-PR	Sexualidade
07/05/2010	CRF Curitiba-PR	Paródia H1N1
12/05/2010	HPP Dia Mundial da Saúde Curitiba-PR	Paródia H1N1
19/05/2010	FPP Curitiba-PR	Paródia H1N1
20/05/2010	Colégio de Ensino Médio Curitiba-PR	H1N1
24/06/2010	Colégio de Ensino Fundamental e Médio Piraquara-PR	Gravidez na adolescência
20/08/2010	Colégio de Ensino Fundamental e Médio Piraquara-PR	Abortamento
22/10/2010	Colégio de Ensino Fundamental e Médio Piraquara-PR	Bullying
28/10/2010	SIPAT HPP Curitiba-PR	Bullying
07/04/2011	Organização da Polícia Militar Curitiba-PR	Paródia H1N1
21/04/2011	Colégio de Ensino Médio Curitiba-PR	Paródias H1N1 e DSTs
26/05/2011	Colégio de Ensino Fundamental e Médio Piraquara-PR	Saúde Ambiental
11/06/2011	Colégio de Ensino Fundamental e Médio Piraquara-PR	Bullying
17/08/2011	Colégio de Ensino Fundamental e Médio Pinhais-PR	Bullying
19/08/2011	Colégio de Ensino Fundamental e Médio Pinhais-PR	Bullying
26/09/2011	Colégio de Ensino Fundamental e Médio Pinhais-PR	Meio Ambiente
08/10/2011	Laboratório de Comportamento FPP	Bullying

continua...

continuação

Data	Instituição	Apresentação
12/04/2012	Dia Mundial da Saúde Curitiba PR	Paródias
10/05/2012	Colégio de Ensino Fundamental e Médio Piraquara-PR	Alimentação saudável
18/10/2012	Colégio de Ensino Fundamental e Médio Piraquara-PR	Diferenças sim, desigualdades não.
19/11/2012	FPP Curitiba-PR	Consciência Negra
14/11/2102	Quitandinha/PR	Hipertensão
06/04/2013	Dia Mundial da Saúde Curitiba-PR	Paródias
29/04/2013	Colégio de Ensino Fundamental e Médio Pinhais-PR	H1N1
16/05/2013	Colégio de Ensino Fundamental e Médio Piraquara-PR	H1N1
09/09/2013	Colégio de Ensino Fundamental e Médio Pinhais-PR	DSTs Paz no Trânsito
29/10/2013	Colégio de Ensino Fundamental e Médio Piraquara-PR	Gravidez na adolescência
03/04/2014	Colégio de Ensino Fundamental e Médio Piraquara-PR	HPV
05/04/2014	Dia Mundial da Saúde Curitiba-PR	Paródia HPV
07/04/2014	Colégio de Ensino Fundamental e Médio Pinhais-PR	HPV
08/05/2014	7º Fórum Nacional de Metodologias Ativas FPP Curitiba-PR	e-poster-artigo: Educar para Prevenir: Educação em Saúde de jovem para jovem
12/05/2014	FPP Dia do Enfermeiro Curitiba-PR	Paródias
19/05/2014	Canal da Música 75ª SBEN Curitiba-PR	Paródias
28/07/2014	FPP Recepção aos calouros Curitiba-PR	Paródias
22/09/2014	Colégio de Ensino Médio Curitiba-PR	HPV
24/09/2014	4º Cong. Paranaense de Ciênc. Biom. Londrina-PR	Educar para prevenir: um relato de experiência da contribuição dos discentes multiprofissionais de como levar a educação em saúde para as escolas.
04/11/2104	Colégio de Ensino Médio Curitiba-PR	HPV
05/11/2104	Colégio de Ensino Fundamental e Médio Piraquara-PR	Sexualidade

continua...

continuação

Data	Instituição	Apresentação
12/03/2015	Colégio de Ensino Fundamental e Médio Pinhais-PR	Sexualidade
12/05/2015	Canal da Música 76ª SBEN Curitiba-PR	Paródias
30/05/2015	Cong. Intern. Criança 2015 Curitiba-PR	Relato de Experiência
10/06/2015	Feira da Saúde Paranaguá-PR	Paródias
27/07/2015	Recepção calouros APP- Sindicato	Paródias
18/09/2015	XI Cong. Bras.de Bioética na PUC/PR	Paródias
21/11/2015	Colégio de Ensino Fundamental e Médio Pinhais-PR	Diversidade Cultural
01/06/2016	Colégio de Ensino Fundamental e Médio Pinhais-PR	Dengue, zika e chikungunya
13/08/2016	Colégio de Ensino Fundamental e Médio Piraquara-PR	Dengue, zika e chikungunya
21/10/2016	Colégio de Ensino Fundamental e Médio Piraquara-PR	Angústia e ansiedade pré-vestibular.
05/11/2016	VIII Fórum Nacional de Metodologias Ativas Curitiba-PR	A contribuição do projeto de extensão educar para prevenir na informação em saúde em escola de ensino médio
17/05/2017	Colégio de Ensino Fundamental e Médio Piraquara-PR	Obesidade infantil
17/04/2017	FPP Curitiba-PR	Baleia Azul: Como Tratar Esse Assunto?
14/11/2017	Colégio de Ensino Fundamental e Médio Piraquara-PR	Sexualidade
28/11/2017	Contenda/PR	Diabetes e Hipertensão
17/04/2018	Contenda/PR	Pés dolorosos
18/06/2019	Contenda/PR	Depressão
12/11/2019	Contenda/PR	Socialização como prevenção e enfrentamento do quadro de depressão
18/10/2019	Colégio de Ensino Fundamental e Médio Pinhais/PR	Sexualidade e cuidados pessoais
16/09/2020	Colégio de Ensino Fundamental e Médio Piraquara-PR	Atividade remota sobre covid-19

Fonte: As autoras (2020).

Considerações sobre os resultados já alcançados pelo projeto Educar para Prevenir

Segue abaixo (Quadro 2) os encaminhamentos de resumos e artigo completo, do projeto Educar para Prevenir, para Congressos, Jornadas e Fóruns.

Quadro 2 – Apresentação do projeto Educar para Prevenir em eventos

Ano	Local	Publicação	Modalidade
2013	VII Jornada de Sociologia da Saúde	Os delírios de Estamira: da invisibilidade à exclusão social	Artigo completo
2014	4º Cong. Paranaense de Ciênc. Biom. Londrina-PR	Educar para prevenir: um relato de experiência da contribuição dos discentes multiprofissionais de como levar a educação em saúde para as escolas.	Resumo
2014	VII Fórum Nacional de Metodologias Ativas Curitiba-PR	Educar para prevenir: educação em saúde de jovem para jovem	Resumo
2014	VII Fórum Nacional de Metodologias Ativas Curitiba-PR	A contribuição do projeto de extensão educar para prevenir na informação em saúde em escola de ensino médio	Resumo
2015	Cong. Intern. Criança 2015 Curitiba-PR	Projeto de extensão educar para prevenir: um relato de experiência sob as perspectivas de acadêmicos	Resumo
2017	XIV Enepe FPP Curitiba-PR	Educar para prevenir: abordagens inovadoras para a promoção da saúde	Resumo
2018	IX Fórum de Met. Ativas	Validação do Projeto Educar para Prevenir	Artigo
2018	IX Fórum de Met. Ativas	Validação das paródias do Projeto Educar para Prevenir	Artigo
2018	IX Fórum de Met. Ativas	Validação das dinâmicas do Projeto Educar para Prevenir	Artigo
2019	XVI Enepe	Ações da extensão universitária versus promoção da saúde: educação nutricional para idosas	Resumo
2019	XVI Enepe	Manual cuidado com os pés	Resumo

continua...

continuação

Ano	Local	Publicação	Modalidade
2019	Revista Interagir: pensando a extensão	Ações da extensão universitária versus promoção da saúde: educação nutricional para idosas	Artigo publicado ISSN: 1519-8847 E-ISSN: 2236-4447
2019	Publicação do Manual	Manual Cuidado com os Pés	ISBN 978-85-63871-13-8
2020	Revista de Produtos Educacionais e Pesquisa	Educação em saúde em foco: Manual sobre o cuidado com os pés	Artigo em submissão

Fonte: As autoras (2020).

Validação do Projeto de Extensão Educar para Prevenir, das paródias e dinâmicas como produtos educacionais

Diante da fundamentação exposta acima, as paródias, as dinâmicas e o projeto foram validados como produtos educacionais na modalidade de atividade de extensão. Este evento aconteceu durante o IX Fórum de Metodologia Ativas de Ensino-aprendizagem na Formação em Saúde, realizado entre os dias 02 a 04 de agosto de 2018, nas Faculdades Pequeno Príncipe, Curitiba/PR, Brasil. Este evento propôs-se a discutir as metodologias ativas no âmbito da graduação, pós-graduação, pesquisa e extensão, pensando suas interfaces com as políticas públicas, os cenários de prática e com os diversos atores que compõem a saúde. Os critérios adotados para o enquadramento do material inscrito como produto ou processo educacional tiveram por referência os indicadores mencionados no Documento de Área – Ensino da Capes (BRASIL, 2013), a saber: Mídias educacionais, protótipos educacionais e materiais para atividades experimentais; Propostas de ensino; Material textual; Materiais interativos; e Atividades de extensão (exposições científicas, cursos, oficinas, ciclo de palestras, exposições, atividades de divulgação científica, entre outras).

Após as inscrições, os trabalhos foram avaliados por um comitê científico e, então, aprovados para apresentação oral em sessão pública. Esse comitê foi constituído por membros, todos doutores, da FPP, nas diversas áreas do conhecimento. Após a aprovação, os trabalhos foram apresentados a uma banca examinadora no dia do evento em sessão pública. Essa banca foi composta por professores doutores da FPP e por um professor doutor externo à FPP. Os proponentes contaram com 15 minutos para explanação do produto educacional, seguidos de mais 15 minutos para comentários/sugestões da banca examinadora, a quem coube, ao final de cada apresentação, emitir parecer sobre o trabalho. A validação dos produtos ocorreu mediante a emissão de certificado assinado pela diretora geral da FPP e pela coordenadora do evento.

Considerações finais

A aprendizagem baseada na prática da escuta, do estudo prévio ou capacitação para poder levar as informações da forma mais adequada possível, envolve necessariamente o pensamento crítico, pois articula o conhecimento com as situações concretas com as quais nossos jovens estudantes se deparam nas escolas.

A experiência obtida mostra que há uma grande receptividade por parte dos adolescentes e jovens nas escolas e também por parte do público adulto, quando os temas são trabalhados por jovens estudantes, que em alguns casos chegam a ter quase a mesma idade de seus interlocutores. Assim, este projeto tem sido uma via de mão dupla, pois além de levar as informações em saúde de forma dinâmica e estimulante para o aprendizado e aprofundamento dos temas trabalhados, possibilita uma formação aprofundada dos próprios discentes da IES, os quais, para desenvolverem as atividades, precisam estudar e aprofundar as temáticas a serem trabalhadas.

REFERÊNCIAS

BRAGA, Maria Margarete de Sampaio; FAGUNDES, Maurício Cesar Vitória. Prática pedagógica e didática humanizadora: materialidade de pressupostos de Paulo Freire. **Revista e-Curriculum**, São Paulo, v. 15, n. 2, p. 524-549 abr./jun. 2017. Programa de Pós-graduação Educação: Currículo – PUC/SP. ISSN: 1809-3876. DOI: http://dx.doi.org/10.23925/1809-3876.2017v15i2p524-549.

CASTELLANOS, Marcelo Eduardo Pfeiffer. A Sociologia da Saúde: Análise de um Manual. Resenhas e críticas. **Cadernos de Saúde Coletiva**, Rio de Janeiro, v. 15, n. 2, p. 353-371, 2005.

CHILDTOCHILD APPROACH. Disponível em: http://www.child-to-child.org/about/approach.html. Acesso em: 1º maio 2014.

CORDEIRO MOITA, Filomena Maria Gonçalves da Silva; ANDRADE, Fernando Cezar Bezerra. Ensino-pesquisa-extensão: um exercício de indissociabilidade na pós-graduação. Universidade Federal da Paraíba, Departamento de Fundamentação da Educação. **Revista Brasileira de Educação**, v. 14, n. 41 maio/ago. 2009.

FREIRE, Paulo. **Conscientização**. São Paulo: Ed. Cortez e Moraes, 1979.

GIDDESS, Anthony. **As Consequências da Modernidade**. São Paulo: Unesp, 1991.

LUZ, M. T. Complexidade do campo da saúde coletiva: multidisciplinaridade, interdisciplinaridade e transdisciplinaridade de saberes e práticas: análise sócio-histórica de uma trajetória paradigmática. **Saúde soc.**, [on-line], v. 18, n. 2, p. 304-311, 2009. Disponível em: http://www.scielo.br/pdf/sausoc/v18n2/13.pdf. Acesso em: 29 nov. 2017.

OLIVEIRA, Elizabete Regina Araújo *et al.* Interdisciplinaridade, trabalho em equipe e Multiprofissionalismo: concepções dos acadêmicos de enfermagem. **Revista Brasileira de Pesquisa em Saúde**, v. 13, n. 4, p. 28-34, 2011. Disponível em: periodicos.ufes.br/RBPS/article/download/2996/2370. Acesso em: 28 nov. 2017.

SANCHES, Leide da Conceição. As ONGs/AIDS e as políticas públicas de acesso aos medicamentos antirretrovirais no Brasil. *In:* RASIA, José Miguel;

LAZZARETTI, Claire Terezinha (org.). **Saúde e Sistema Único de Saúde**: Estudos socioanalíticos. 1. ed. Curitiba: UFPR, 2014. p. 163-178.

SANTOS, Conceição de Maria Pereira dos *et al.* A paródia: uma estratégia educativa para conhecimentos relacionados à saúde. **R. Bras. Ci. e Mov.**, v. 19, n. 3, p. 86-98, 2011.

TRINDADE, Ellika; BRUNS, Maria Alves T. **Adolescentes e paternidade, um estudo fenomenológico**. Ribeirão Preto: Holos, 1999.

VILELA, Elaine Morelato; MENDES, Iranilde José Messias. Interdisciplinaridade e saúde: estudo bibliográfico. **Revista Latino-Americana de Enfermagem**, Ribeirão Preto, v. 11, n. 4, p. 89-96, 2003. Disponível em: http://www.scielo.br/pdf/rlae/v11n4/v11n4a16.pdf. Acesso em: 29 nov.2017.

PROJETO EDUCAR PARA PREVENIR:
dinâmicas e paródias desenvolvidas como ferramentas de educação em saúde nas escolas e comunidade

Maria Cecilia Da Lozzo Garbelini
Fernanda de Andrade Galliano Daros Bastos
Graziele Francine Franco Mancarz
Leide da Conceição Sanches

Introdução

Com início em 2009, o projeto de extensão Educar Para Prevenir se propõe a levar adiante informações em saúde que possam contribuir, de um modo geral, com o processo de conscientização sobre as condições que afetam o bem-estar e qualidade de vida da sociedade. Com o objetivo de promover a educação em saúde, com base em temas atuais, todos os participantes do projeto têm como principal função criar ferramentas que possibilitam o ouvinte a interagir, conhecer e aplicar os conceitos apresentados.

Desde o início o desenvolvimento de atividades lúdicas e interativas fazem parte da operacionalização do projeto, possibilitando não só a compreensão dos participantes, mas também na formação e desenvolvimento dos estudantes extensionistas que se envolvem ativamente com a criação e ação de tais atividades.

Dentre as atividades desenvolvidas ao longo dos onze anos de história do projeto, duas serão destacadas a fim de enaltecer a importância que elas representam. São, de fato, marcas registradas do Educar. São elas, as dinâmicas e as paródias.

Antes de qualquer avanço vale trazer a lume alguns breves aspectos relacionados ao conceito, criação e entendimento sobre as dinâmicas e paródias, atividades que contribuem no processo de aprendizagem, que devem ser elaboradas com muito cuidado.

Começando pelas dinâmicas, é interessante pensar que elas podem representar diferentes definições partindo de uma ação de curta duração, usando uma técnica própria ou específica que induz a motivação e envolvimento com determinada temática. Também pode ser utilizada como "aquecimento" prévio à alguma atividade, com o objetivo de induzir os participantes a um comportamento integrador e de mútua aproximação. Ou ainda como uma ferramenta para o aprendizado de alguma habilidade (cognitiva, psicomotora), contribuindo para a reflexão e mudanças atitudinais (SILVA, 2008).

Nesse sentido, o processo de criação ou reprodução de uma dinâmica deve acontecer sempre partindo de um objetivo inicial, permitindo que o público compreenda a utilização desta ferramenta como algo agregador durante a apresentação. Outra importante etapa na elaboração e execução é a criatividade envolvida para compor o passo a passo da dinâmica, sempre levando em consideração o público, quantidade de pessoas, espaço físico e os materiais utilizados. Além disso, é importante ressaltar que dinâmicas são processos lúdicos e, portanto, devem ser apresentados de uma maneira leve, interativa e agregadora.

Mas afinal, por que realizar uma dinâmica? Essa pergunta deve ser pensada toda vez que haja a intenção de se utilizar essa ferramenta, pois primeiro é preciso organizar as ideias da apresentação, ou aula, a fim de compreender qual o objetivo que esta ferramenta poderá acrescentar para os ouvintes. No projeto Educar para Prevenir os estudantes elaboram e/ou reproduzem uma dinâmica sempre pensando no valor agregativo que ela terá para o público em questão. Organizar esta etapa requer trabalho em equipe, delineamento do objetivo, aquisição dos materiais, ensaios, reprodução da dinâmica e feedback.

Agora vamos pensar nos aspectos relacionados às paródias questionando qual o propósito de se criar uma paródia com assuntos relacionados à saúde?

Ora, música é algo presente no cotidiano e pode ser ouvida de diversas formas. Pode-se usar o rádio, televisão, o celular e, hoje mais do que nunca, diversas plataformas digitais são utilizadas. Pensando nisso, ainda é possível pensar em música desde os primeiros cantarolares da infância, passando pelas notas musicais da própria natureza ou ainda na memória de qualquer indivíduo. Para Bréscia:

> A música é a combinação harmoniosa e expressiva de sons e como a arte de se exprimir por meio de sons, seguindo regras variáveis conforme a época, a civilização (BRÉSCIA, 2003, p. 25).

Para a mesma autora a musicalização auxilia em vários processos como na construção do conhecimento, no despertar do gosto musical, favorecendo o desenvolvimento de sensibilidade, criatividade, senso rítmico, imaginação, memória, concentração, atenção, autodisciplina, respeito ao próximo, socialização e afetividade, sem contar na contribuição efetiva e consciência corporal e de movimentação (BRÉSCIA, 2003).

E é pensando nessa construção do aprendizado e nos reflexos que a música pode gerar, que o Educar incentiva, dentro de qualquer temática, a criação das paródias.

Paródias são modificações textuais de uma melodia que já existe. Geralmente, a criação de uma nova letra tem por objetivo problematizar, inverter ou questionar uma situação para um lado mais descontraído (CAVALCANTI, 2011).

Vale ressaltar que, nas paródias, o texto primário muitas vezes não é completamente "esquecido", pois o sujeito, na realidade, apodera-se do texto-matriz para, por meio dele, recriar seu objetivo de discurso (SANTOS; GUSMÃO, 2018). Nessa reconstrução é muito provável que o sujeito procure referências com base nas suas experiências, por isso a importância de se compartilhar o conteúdo para que novos olhares possam contribuir com a paródia.

Estruturação das dinâmicas

Diante da pandemia da gripe A, ocorrida em 2009, o projeto de extensão Educar para Prevenir iniciou suas atividades com a temática H1N1, com a proposta de levar orientações em saúde nas escolas. Na época, os extensionistas apresentaram a técnica para a lavagem correta de mãos um ato tão simples e rotineiro, para os estudantes da área da saúde, mas que poderia salvar vidas. Assim, foi criada a primeira dinâmica do projeto "Contaminação do vírus H1N1 pelo aperto das mãos", a qual tinha como objetivo demonstrar que o contato físico entre as pessoas pode também transmitir o vírus da gripe e, daí, a importância da higienização das mãos como prevenção da gripe. Para tanto, alguns integrantes do projeto se posicionaram na entrada do auditório para receber os alunos da escola participante. Os integrantes da equipe estavam com a palma das mãos impregnadas de purpurina prateada e ao cumprimentar os alunos que adentravam o auditório, estes ficavam com purpurina na mão sem perceber que isto tinha acontecido. Ao constatar que havia um brilho diferente em suas mãos entendiam que a transmissão do vírus poderia acontecer pelo contato físico com algo que estivesse contaminado.

Nessa mesma apresentação, foram realizadas mais duas dinâmicas: lavagem correta de mãos e contaminação do vírus H1N1 por superfície. Na primeira, alguns estudantes voluntários foram vendados e uma mistura de tinta guache e água foi espalhada na palma da mão, no dorso e entre os dedos dos participantes. Logo em seguida, ainda vendados, foram direcionados pelos alunos extensionistas ao banheiro para que pudessem lavar as mãos normalmente. Quando retornaram e retiraram a venda dos olhos, puderam perceber o quanto as suas mãos ainda estavam impregnadas de tinta guache. Desta forma foi possível demonstrar a importância da lavagem correta das mãos, pois fazendo a analogia de que a tinta seria o vírus, os voluntários não conseguiram tirar toda a tinta de suas mãos, portanto, poderiam estar com as mãos contaminadas com o vírus mesmo após o procedimento de lavar as mãos.

Na segunda dinâmica, o objetivo era demonstrar que a transmissão do vírus poderia ocorrer por objetos contaminados. Assim, foi entregue aos alunos da escola uma caixa de papelão com alguns itens no seu interior, e, no seu exterior, foi espalhado pó de giz. Quando os alunos manuseavam a caixa e a passavam para um colega, ficavam com os restos de giz nas mãos, simbolizando o vírus que poderia estar presente em um objeto.

Essas dinâmicas repercutiram muito dentre os estudantes do Ensino Fundamental e Médio e, na sequência, foram utilizadas em outras apresentações do projeto ao longo desses anos. A partir deste resultado positivo, a dinâmica começou a fazer parte do eixo central das apresentações do projeto, sendo uma estratégia metodológica não convencional, que se utiliza de atividade lúdica como acessório para facilitar a aquisição de conteúdos formais no processo de aprendizagem.

As dinâmicas são elaboradas de acordo com cada temática apresentada. Os extensionistas elaboram a ideia central da dinâmica de acordo com o(s) conceito-chave(s) da apresentação, a fim de envolver e estimular o público-alvo da atividade. Desta forma, ela pode ser realizada no início, durante ou no final da apresentação, dependendo do objetivo da mesma e da sua relação com o desenrolar da apresentação.

Antes de todas as apresentações, os materiais necessários são separados e confeccionados pelos extensionistas, utilizando diferentes recursos como cartolina, sucata, tecidos, vidraria de laboratório, purpurina, tinta guache entre outros. As dinâmicas são sempre ensaiadas para que qualquer problema possa ser detectado antes da apresentação na escola ou comunidade parceira.

Diferentes tipos de dinâmicas já foram desenvolvidos pelos extensionistas ao longo das apresentações, como jogos, labirintos e teatros. Um exemplo de jogo utilizado foi a dinâmica do "mito ou verdade". Foram distribuídas placas aos alunos da escola nas quais estava escrito "MITO" em um lado e do outro lado "VERDADE". Foram realizadas diversas perguntas sobre o tema obesidade infantil e alimentação saudável e foi solicitado aos alunos da plateia que levantassem as placas para responder ao questionamento. Por meio desta dinâmica, foi possível verificar a compreensão dos alunos sobre o assunto, além de poder esclarecer dúvidas a respeito do tema. A seguir estão listadas as diversas dinâmicas usadas pelo projeto (Quadro 1).

Quadro 1 – Dinâmicas do projeto Educar para Prevenir

Dinâmica	Apresentação	Ano
Contaminação do vírus H1N1 pelo aperto das mãos	Ensino Fundamental e Médio	2009 2013
Lavagem correta das mãos	Ensino Fundamental e Médio	2009 2013
Contaminação do vírus H1N1 por superfície	Ensino Fundamental e Médio	2009
Prevenção ao uso das drogas	Ensino Fundamental e Médio	2010
Diferentes reações às drogas	Ensino Fundamental e Médio	2010
Transmissão das DSTs	Ensino Fundamental e Médio	2011 2012
Gravidez na adolescência	Ensino Fundamental e Médio	2011 2013
Teatro sobre DSTs	Ensino Fundamental e Médio	2013
Teatro sobre ansiedade e angústia pré-vestibular	Ensino Fundamental e Médio	2016
Mito ou Verdade	Ensino Fundamental e Médio	2017
Teatro sobre Sexualidade	Ensino Fundamental e Médio	2017
Lava pés	Saúde do Idoso – Secretaria de Ação Social – Contenda PR	2018
Teatro Inteligência Emocional	Ensino Fundamental e Médio	2019
Teatro sobre Sexualidade e Cuidados Pessoais	Ensino Fundamental e Médio	2019
Teatro Interativo	Saúde do Idoso – Secretaria de Ação Social – Contenda PR	2019
Mural resposta	Saúde do Idoso – Secretaria de Ação Social – Contenda PR	2019
Vídeos em plataforma on-line	Ensino Fundamental e Médio	2020

Fonte: As autoras (2020).

Uma dinâmica que envolveu teatro interativo foi a de "Transmissão das DSTs", onde os estudantes, de forma lúdica e descontraída, experienciaram a transmissão das infecções sexualmente transmissíveis (ISTs). Vale lembrar que esta dinâmica foi realizada em 2011 e 2012 e, posteriormente, em 2017 houve alteração da terminologia de DST para IST (BRASIL, 2006). A dinâmica iniciou contando a história de oito pessoas, quatro homens e quatro mulheres, que teriam suas vidas interligadas. Foi distribuído um copo de água pura para os alunos que não tinham ISTs e, para a personagem Maria, que tinha uma IST, o copo continha solução aquosa de hidróxido de sódio (NaOH), uma base inorgânica. Todos os personagens que foram se relacionando misturaram o conteúdo de seu copo simbolizando a troca de fluidos corporais. Após essa troca de líquidos, foi acrescentada uma gota de fenolftaleína em cada copo para então observar o resultado.

De acordo com Atkins (2018), a fenolftaleína é um indicador ácido-base que muda de cor com a variação de pH, adquirindo coloração rosa em meios básicos. Como a solução de hidróxido de sódio é básica, a sua presença poderia ser detectada pela alteração da cor da solução para rosa. Assim, o líquido do copo do personagem que teve relação desprotegida, ficou cor de rosa, simbolizando que contraiu a IST, já o copo do aluno em que o líquido permaneceu incolor, não contraiu a IST.

Nessa dinâmica, os conhecimentos adquiridos pelos extensionistas nos seus cursos de graduação sobre reações químicas, indicadores de pH e funções inorgânicas, foi fundamental para o desenvolvimento da ideia da dinâmica, ou seja, da reação que ocorreria ao longo do teatro com os diferentes personagens criados, interpretados pelos estudantes das escolas. Como estes assuntos também são trabalhados no ensino médio, ao realizar a dinâmica também foi possível também reforçar este conteúdo junto com os estudantes.

Estruturação das paródias

Durante todos esses anos, de atividades do projeto de extensão Educar Para Prevenir, uma ou mais paródias foram elaboradas pelos estudantes envolvidos no projeto, para que as temáticas fossem trabalhadas nas escolas e nas comunidades parceiras (Quadro 2), comprovando que a paródia realmente se tornou a marca deste projeto de extensão, tanto para os extensionistas quanto para o público-alvo.

Quadro 2 – Paródias do projeto Educar para Prevenir

Paródia	Autores(as)	Ano
H1N1 Música original: Razões e Emoções – NX Zero	Michel Pablo Schetko, Isabele Link e Eliana Diniz Girardello	2009
QUE É DST? Música original: Qual é? – Marcelo D2	Jacqueline Vogt e Jéssica Christinelli	2009
REGGAE CONTRA AS DROGAS Música original: Reggae Power – Natiruts	Michel Pablo Schetko	2009
SEXUALIDADE I Música original: I'm Yours – Jason Mraz	Michel Pablo Schetko, Isabele Link e Eliana Diniz Girardello	2010

continua...

continuação

Paródia	Autores(as)	Ano
BULLYING Música original: Por mais que eu tente lhe dizer – Marjorie Estiano	Pedro Schluga e Heloisa Antunes	2010
GRAVIDEZ NA ADOLESCÊNCIA Música original: Paga Pau – Fernando e Sorocaba	Melina Pazzim e Jonatas Eliabe Siemiatkouski	2010
ME DESGRACE (ABORTAMENTO) Música original: Me odeie – Charlie Brown	Michel Pablo Schetko, Isabele Link e Eliana Diniz Girardello	2010
MEIO AMBIENTE Música; Beija Flor – Natiruts	Pedro Schluga e Jonatas Eliabe Siemiatkouski	2011
ALIMENTAÇÃO SAUDÁVEL Música original: Sou praieiro – Jammil e uma noites	Pedro Schluga	2012
DSTs ENTÃO PARA! Música original: Show das poderosas – Anitta	Emanuelle Nunes Barreto	2013
HPV Música original: Lepo-Lepo – Psirico	Gabriel Selonk, Letícia Corrêa Cantu e Yasmim Ribeiro	2014
O ENFERMEIRO AMA E CUIDA Música original: Quem ama cuida – Maria Cecília e Rodolfo	Michel Pablo Schetko, Isabele Link e Eliana Diniz Girardello	2014
SEXUALIDADE II Música original: Cheguei – Ludmilla	Luana Muller, Larissa Carvalho e Luiza Moreira	2014
PRECONCEITO BANAL Música original: Rodo do Cotidiano – O Rappa	Gabriel Selonk	2015
DENGUE, ZIKA E CHIKUNGUNYA Música original: Química – MC Biel	Gabriel Selonk, Luana Muller e Larissa Carvalho	2016
ANGÚSTIA E ANSIEDADE Música original: Bang – Anitta	Luana Muller e Larissa Carvalho	2016
OBESIDADE INFANTIL Música original: Você partiu meu coração – Nego do Borel	Luana Muller, Larissa Carvalho e Gleison Farias	2017
DIABETES E HIPERTENSÃO Música original: 10% – Maiara e Maraísa	Luana Muller, Larissa Carvalho, Luiza Moreira e Gleison Farias	2017
CUIDADO COM OS PÉS Música original: Contatinho – Nego do Borel	Luana Muller, Larissa Carvalho, Brunna Francesca e Keyssi Jarek	2018
RESPEITO ÀS DIFERENÇAS Música original: Vou deixar – Skank	Luana Muller e Natália Krejci	2018

continua...

continuação

Paródia	Autores(as)	Ano
PREVENÇÃO À VÍRUS Música original: Olha a explosão – Mc Kevinho	Luana Muller e Keissy Jarek.	2018
INTELIGÊNCIA EMOCIONAL Música original: Dim Dim Dim –Ludmilla e Mc Doguinha	Nicole Ton	2019
DEPRESSÃO Música original: Estúpido cupido – Celly Campello	Glauce Bacellar, Adrielli Pereira, Ursula Cristina de Campos e Kayke Palhano	2019
SEXUALIDADE E CUIDADOS PESSOAIS Música original: Terremoto – Anitta e Kevinho	Nicole Ton	2019
COVID-19 Música original: Don't start now	Nicole Ton, Deborah Helen Fabiano Ribeiro, Nicole Pelentir Becker e Luiza Helena Taborda Moreira	2020

Fonte: As autoras (2020).

A paródia é uma prática que vai além de facilitador da educação em saúde, pois possibilita a aproximação com a comunidade e com o contexto onde o projeto é levado. Desta forma, a utilização de paródias no projeto de extensão tem por objetivo levar o conhecimento em saúde pela música a pessoas de todas as idades, desde o ensino fundamental até a terceira idade.

A paródia é idealizada pelos extensionistas do início ao fim, pensando na melodia da música e nos instrumentos musicais utilizados na apresentação. Essa parte é tão motivadora para os estudantes que vários deles enviam relatos sobre essa criação inusitada, como é o caso dos depoimentos das discentes Nicole Ton e Larissa Carvalho, que participam do projeto desde o início da graduação.

> *"Escrever as paródias do Educar foi uma coisa que aconteceu naturalmente, que eu não imaginava que faria ou conseguiria, mas acabou se tornando algo que flui naturalmente, pois as ideias surgem com facilidade. Acho que isso acontece por eu gostar muito de participar desse projeto e por eu imaginar o quanto uma simples paródia pode trazer um conhecimento importante para outras pessoas"* (NICOLE TON, 2020).

> *"Ser extensionista do projeto Educar para Prevenir é conciliar minha paixão por música, pela minha profissão e pela educação. A produção das paródias permitia que, nós, extensionistas, utilizássemos nosso conhecimento de uma das melhores formas, que é transformando o conhecimento*

> *em ação para a sociedade, de uma maneira lúdica e que, principalmente, não seria esquecida tão cedo, por estar aliada a uma música conhecida e atual* (LARISSA CARVALHO, 2020)

A paródia mais recente elaborada pelo grupo é sobre a covid-19, temática que foi apresentada em 2020 durante a pandemia do corona vírus. Abaixo a íntegra da letra idealizada pelas discentes Nicole Ton, Deborah Helen Fabiano Ribeiro, Nicole Pelentir Becker e Luiza Helena Taborda Moreira.

Se você não cuidar...
O corona veio, esse ano
E agora eu não posso sair
Já não vejo meus amigos, não vejo
E também não posso festejar

Mas não vou deixar
Na mente ficar
Para não enlouquecer, então

Se você não cuidar
Pode Infectar
A família e os amigos
Deve ensinar

Peste atenção!
Lave a mão!
Use a máscara
De proteção

Álcool em gel
Na sua mão
Se estiver
Sem sabão

O corona veio, esse ano
E agora eu não posso sair
Já não vejo meus amigos, não vejo
E também não posso festejar.

Mas não vou deixar
Na mente ficar
Para não enlouquecer, então

Se você não cuidar
Pode Infectar
A família e os amigos
Deve ensinar

Preste atenção!
Lave a mão!
Use a máscara
De proteção

Álcool em gel
Na sua mão
Se estiver
Sem sabão

Se estiver sem sabão...então

Se você não cuidar
Pode Infectar
A família e os amigos
Deve ensinar

Peste atenção!
Lave a mão!
Use a máscara
De proteção

Álcool em gel
Na sua mão
Se estiver
Sem sabão

 Quando você escuta uma música, o seu corpo não consegue ficar parado, já começa a se remexer, não é mesmo? Nas apresentações do Educar Para Prevenir não é diferente! Por isso, para todas as paródias, são preparadas coreografias pelos extensionistas, estimulando os estudantes das escolas e comunidades parceiras a participarem ativamente da apresentação.
 Diante disso, é evidente que as paródias permitem a aproximação com o tema trabalhado e o público envolvido. A saúde cantada é lembrada e refletida na sequência.

REFERÊNCIAS

ATKINS, P.; JONES, L.; LAVERMAN, L. **Princípios de Química**: Questionando a Vida Moderna e o Meio Ambiente. 7. ed. Porto Alegre: Bookman, 2018. p. 185-194.

BRASIL. Presidência da República. **Decreto nº 8.901, de 10 de novembro de 2016**. Aprova a Estrutura Regimental e o Quadro Demonstrativo dos Cargos em Comissão e das Funções de Confiança do Ministério da Saúde. Disponível em: http://www.planalto.gov.br/ccivil_03/_ato2015-2018/2016/decreto/D8901.htm

BRÉSCIA, V. L. P. **Educação Musical**: bases psicológicas e ação preventiva. São Paulo: Átomo, 2033.

CAVALCANTI, V. S. **Composição de paródias**: um recurso didático para compreensão sobre conceitos de circunferência. Dissertação (Mestrado em Ensino de Ciências e Matemática) – Universidade Estadual da Paraíba, Campina Grande, 2011.

SANTOS, J. A.; GUSMÃO, M. A. P. A paródia como gênero textual em um olhar discursivo bakhtiniano: uma relação de intertextualidade. **Revista Linguagens & Letramentos**, Cajazeiras-Paraíba, v. 3, n. 1, jan./jun. 2018.

SILVA, J. A. P. O uso de dinâmicas de grupo em sala de aula: um instrumento de aprendizagem experiencial esquecido ou ainda incompreendido? **Saber Científico**, Porto Velho, jul./dez. 2008.

PROJETO DE EXTENSÃO "CUIDADO NA CASA DE APOIO DO HOSPITAL PEQUENO PRÍNCIPE"

Juliana Ollé Mendes
Leandro Rozin
Daniele Laís Brandalize Fagundes

Introdução

O Hospital Pequeno Príncipe atende crianças e adolescentes de todo o Brasil, sendo referência nacional em pediatria. Destina 70% da sua capacidade ao Sistema Único de Saúde (SUS). Seu foco está na excelência técnico-científica, no atendimento humanizado e na mobilização da sociedade pela saúde. Há mais de 100 anos de criação, combina atendimentos de alta e média complexidade com a observância aos princípios de equidade e integralidade.

A partir da década de 80, o Hospital Pequeno Príncipe (HPP) inseriu a família no contexto hospitalar para complementar o cuidado integral desenvolvido pelas equipes de saúde. Firmando sua filosofia de amor à criança, viabilizou a garantia de um acompanhante durante o período de internação. Com essa ação o Pequeno Príncipe antecipou um direito que mais tarde, na década de 90, foi proposto pelo Estatuto da Criança e do Adolescente (ECA) "[...] toda criança e adolescente tem o direito de ser acompanhado por um responsável durante 24 horas em todo período de hospitalização [...]" (HPP, 2020a).

O Programa Família Participante do Hospital Pequeno Príncipe foi criado com objetivo de manter os vínculos afetivos da criança e do adolescente com os seus familiares para facilitar o período de hospitalização e auxiliar em sua recuperação (HPP, 2020a).

Em 1991 o Programa Família Participante foi sistematizado e oficializado no HPP qualificando a presença familiar. O Família Participante promove treinamentos de inserção do acompanhante no ambiente hospitalar, fornecendo orientações sobre saúde e cuidados na doença, o que possibilita ao responsável pelo paciente participar ativamente do tratamento e hospitalização. Estas ações mantêm e fortalecem o vínculo da criança com seus referenciais de vida e com as figuras de amor (HPP, 2020a; FORTE; SATO, 2006).

A Casa de Apoio do HPP oferece estadia à criança em tratamento no Hospital Pequeno Príncipe e seu acompanhante e, quando constatada essa necessidade, oferece condições de abrigo, higiene e alimentação com qualidade. A estrutura atualmente tem capacidade para abrigar 48 pessoas. Atende em média 350 pacientes e acompanhantes por mês oriundos de diversos estados e municípios do Brasil. Além dos leitos possui cozinha, sala de estar, banheiros, lavanderia e área de lazer (HPP, 2020b; FORTE; SATO, 2006).

O Projeto de Extensão "Cuidado na Casa de Apoio do Hospital Pequeno Príncipe", foi criado em 2009 e teve finalização no ano de 2015, integrando os Cursos de Graduação das Faculdades Pequeno Príncipe (FPP) em Biomedicina, Enfermagem, Farmácia e Psicologia.

O projeto foi criado inicialmente com intuito de realizar um diagnóstico situacional da Casa de Apoio para a identificação de necessidade de ações educativas em saúde voltadas às pessoas que utilizavam a Casa de Apoio de acordo com as necessidades identificadas. Por conta do sucesso do projeto em seu primeiro ano, a Diretoria de Extensão e a Coordenação da Casa de Apoio propuseram sua continuidade, no sentido de contribuir para o crescimento e aprimoramento de estudantes de gradação e, por fim, identificar o perfil da clientela da Casa de Apoio do Hospital Pequeno Príncipe. O projeto mais uma vez promoveu a integração entre alunos dos cursos de graduação, além de propiciar aos usuários desta casa momentos de descontração e aprendizado em saúde.

A Casa de Apoio do HPP situa-se nas proximidades do HPP, sendo destinada a atender pacientes que estejam em tratamento no HPP e seus familiares, antes e após a hospitalização, que residam fora de Curitiba e região metropolitana, dando-se prioridade para os acometidos por patologias de alta complexidade, como as doenças cardíacas ou aqueles que necessitam de transplante (hepático, renal e cardíaco).

Os familiares permanecem ativos e participativos neste momento de hospitalização. Assim como as famílias ajudam as equipes a conhecer a criança e o adolescente, favorecendo a terapêutica durante o internamento, as equipes de saúde facilitam o desenvolvimento de atitudes de cooperação, ensino dos cuidados e prevenção dos responsáveis.

Nos momentos em que não estão acompanhando seus filhos no hospital ou realizando alguma atividade pessoal fora da Casa, os familiares permanecem na Casa de Apoio, local onde desenvolvem uma rede de relações, amizade e troca de experiência para ajudar no suporte e enfrentamento da doença do filho.

Assim como nos anos anteriores do projeto, os usuários da Casa de Apoio puderam usufruir das palestras de educação em saúde realizadas pelos integrantes – acadêmicos e professores responsáveis – deste projeto de extensão. Os momentos das palestras e conversas se configuraram não somente em momentos de troca de saberes, experiências e aprendizado para crianças e familiares, mas também em momentos em que estes puderam se conhecer além das conversas acerca das patologias e de seus problemas. Havia também a possibilidade de conhecer o outro em um momento de descontração, "esquecendo" por alguns minutos a tensão trazida pela doença e tratamento de seus entes queridos.

A participação dos acadêmicos de graduação foi muito valiosa, tanto para aqueles que puderam absorver um pouco do conhecimento apresentado por estes durante as palestras, quanto para os próprios alunos extensionistas, uma vez que foram capazes, por meio de muita dedicação e compromisso, superar seus medos como o de falar em público, e o de encarar o outro em situação de doença, mesmo que sua profissão lhe imponha esta realidade.

Considerando que a rotatividade de clientes na Casa é intensa, optou-se por dar continuidade ao ciclo de palestras, repetindo-se algumas que já haviam sido realizadas e inserindo novos temas, de acordo com a necessidade atual levantada em conversas com os clientes e responsáveis envolvidos no Projeto.

Objetivos

- Desenvolver ações educativas na Casa de Apoio do HPP com temáticas de interesse da clientela atendida neste espaço institucional;
- Contribuir para o crescimento e aprimoramento dos alunos da graduação, articulando o ensino e o cuidado na atividade de extensão;
- Determinar o perfil dos clientes da Casa de Apoio, a fim de conhecer os usuários que usufruem deste benefício.

Operacionalização do projeto

Seleção dos extensionistas

Os alunos extensionistas eram selecionados semestralmente com abertura de edital para inscrição para os cursos de biomedicina, enfermagem, farmácia e psicologia. Após inscrição, os estudantes eram direcionados a entrevistas de seleção cujo foco era desvelar a motivação e assiduidade para participação ativa durante a permanência no projeto. Também era exposto o cumprimento de carga horária semanal em contra turno de 4 horas. Após selecionados, os extensionistas eram organizados em grupos de atividade para realização da educação em saúde.

Monitoramento e avaliação

Nos anos em que o projeto de extensão esteve atuante, os alunos cumpriam escala de atividades semanais, com registro de assinatura em folha de controle de frequência. Além disso, a cada ação realizada na Casa de Apoio, apresentavam um relatório com a justificativa, objetivos, desenvolvimento, população impactada pela ação e os indicadores referente a aplicação de instrumento de avaliação aos familiares participantes das ações em saúde.

Desenvolvimento das ações

As ações semestrais foram desenvolvidas seguindo seis etapas:

Etapa 1 – **Instrumentação Teórica e Capacitação dos alunos:** os docentes envolvidos no projeto, na primeira reunião com os extensionistas, buscaram por meio da literatura, discutir os relatórios produzidos no semestre anterior desenvolvido para, a partir disso, iniciar o planejamento das ações a serem desenvolvidas. Os encontros eram agendados e conduzidos pelos docentes responsáveis pelo projeto

Etapa 2 – **Conhecimento da Casa de Apoio:** a etapa desenvolvida na semana seguinte se dava por meio de visita à Casa de Apoio, o primeiro contato dos extensionistas com as instalações, rotinas, normas, hospedados e profissionais. Estas visitas eram realizadas por todos os estudantes envolvidos, em dia agendado com as coordenadoras da Casa de Apoio do Hospital Pequeno Príncipe e com acompanhamento dos docentes.

Etapa 3 – **Preparação das Ações Educativas:** aconteciam em encontros semanais com a presença dos extensionistas e professores responsáveis pelo projeto. Os estudantes eram organizados de forma que em cada grupo de palestra houvesse a participação de pelo menos um extensionista de cada curso de graduação, promovendo desta forma, uma maior integração entre os participantes, fator este importante para o desenvolvimento do interprofissionalismo. As temáticas desenvolvidas durante o projeto de extensão foram primeiros socorros, câncer de mama e colo uterino, autoestima e bullying, vacinas, teste do pezinho, higiene pessoal e domiciliar, alimentação saudável e cuidados com alimentos, doenças vetoriais (dengue, febre amarela), relacionamento familiar, lavagem de mãos e H1N1, doação de sangue, autoestima e autocuidado.

Etapa 4 – **Realização das ações educativas na Casa de Apoio do HPP:** ocorriam nos primeiros e nos segundos semestres dos anos em que o projeto foi desenvolvido, quinzenalmente, às terças-feiras e com a presença e acompanhamento dos professores responsáveis, conforme o planejamento das atividades, no período da tarde.

Etapa 5 – **Aplicação do instrumento de pesquisa do perfil da clientela atendida na Casa de Apoio e o instrumento de avaliação de reação (feedback):** ao final de cada palestra, os extensionistas aplicavam os instrumentos propostos aos clientes, exceto àqueles que já tivessem preenchido em palestra anterior.

Etapa 6 – **Desenvolvimento do relatório final:** efetivado a partir das observações e da realização das ações educativas. Os relatórios finais eram apresentados de acordo com o desenvolvimento de cada etapa. Os professores responsáveis pelo projeto ficavam incumbidos de escrever o estruturar relatório de cada palestra/atividade que realizaram com os usuários na Casa, a partir do descritivo dos extensionistas e das avaliações de ração.

Recursos utilizados

Para o desenvolvimento do projeto, o recurso físico utilizado foi a Casa de Apoio do Hospital Pequeno Príncipe para desenvolvimento das ações. As reuniões com os extensionistas e preparação para as ações com Instrumentação Teórica e Capacitação dos estudantes ocorriam nas dependências das Faculdades Pequeno Príncipe.

Os recursos para as ações desenvolvidas se deram a partir do planejamento de cada tema desenvolvido na educação em saúde. Assim, cada grupo, a partir da temática a ser desenvolvida com os hospedes da Casa de Apoio, desenvolviam materiais educativos que facilitavam a didática das ações, tais como cartazes, panfletos, maquetes e amostras (na ocasião de higienização das mãos, os estudantes de farmácia, produziram álcool em gel junto aos participantes).

A equipe ainda pôde contar com os equipamentos disponíveis nos laboratórios das Faculdades Pequeno Príncipe que facilitaram a abordagem da temática de cada ação em saúde. As ações desenvolvidas utilizaram de dinâmicas de interação em grupos, palestras e teatros que aproximavam e contribuíam para a discussão e aprendizagem ativa de todos os envolvidos.

Resultados e impactos alcançados

Durante os 7 anos de existência do projeto, aproximadamente 850 hóspedes receberam as ações de saúde. Prevalentemente, eram mulheres (mães), casadas, do lar, com renda familiar mensal entre 1 e 3 salários-mínimos, provenientes de outros estados e municípios do interior do Paraná, atendidos nas especialidades pediátricas pelo HPP.

Durante os anos em que o projeto esteve em andamento, participaram aproximadamente 360 estudantes dos cursos de graduação supracitados da FPP.

Com a realização deste Projeto de Extensão foi percebida significativa contribuição por meio do desenvolvimento das inúmeras atividades de Educação em Saúde tanto para as famílias, representadas pelas crianças e usuárias/mães da Casa, quanto para os extensionistas envolvidos em todo esse processo. As ações propiciaram momentos de desenvolvimento profissional, interdisciplinaridade, interprofissionalismo e pesquisas acadêmicas a partir das atividades das temáticas demandadas, e de contato direto com a comunidade, reconhecendo suas fragilidades e necessidades e contribuindo para a melhoria.

Considerações finais

Tem-se que os objetivos traçados para o desenvolvimento deste projeto foram alcançados. Foram desenvolvidas ações educativas, em forma de palestras, teatros e dinâmicas com as crianças e suas famílias, abordando temáticas escolhidas pela própria clientela da Casa de Apoio identificadas por meio de um levantamento realizado durante a primeira visita estudantes, como também por sugestões das coordenadoras da Casa.

Aos professores responsáveis houve a oportunidade de orientar, direcionar e iniciar os extensionistas no contato direto com pacientes e seus familiares em um contexto diferenciado, levando ao crescimento profissional, exigindo que a cada dia aprimore sua prática docente, e mais importante que isto, o crescimento pessoal, ao estar perto de pessoas tão fragilizadas, mas que transmitem, e muitas de fato possuem, uma força inexplicável, sendo capazes de transpor todos os obstáculos em prol de seus amados.

Foi possível perceber o alcance do segundo objetivo do projeto ao longo de sua execução, com o envolvimento dos estudantes de graduação na elaboração dos materiais, organização das atividades e na efetivação destas, uma vez que obtiveram a articulação do saber adquirido na academia com o fazer na comunidade por intermédio as ações educativas, com vistas ao cuidado humanizado, integral e equânime.

A aplicação do instrumento para conhecer o perfil da clientela usuária da Casa de Apoio, ao final de cada atividade, levou ao cumprimento do terceiro e último objetivo deste projeto. Estas atividades ocorriam após o esclarecimento às mães e consentimento por parte destas. As informações contidas no instrumento propiciaram um melhor reconhecimento das usuárias, desde faixa etária até número de filhos e sob os cuidados de quem os demais ficavam quando estas mulheres precisavam estar fora de seus lares.

A atuação neste projeto propiciou a todos os seus integrantes compreender que nem sempre o que essas crianças e mães necessitam é, única e exclusivamente, de equipamentos de última geração e medicamentos de alto custo, mas sim de extensionistas dispostos a lhes trazer novos saberes. Saberes estes que vieram a contribuir para a melhoria de suas vidas, de seus filhos e familiares, diante da situação estressante que é lidar com a doença.

A maior gratificação recebida com as atividades desenvolvidas foram as palavras de carinho, os momentos em que as mães procuravam os estudantes e professores para esclarecer suas dúvidas, consideradas por muitos como questões tão simples e corriqueiras, mas que para estas pessoas, fez a diferença, mudou alguns conceitos, a forma como cuidar de suas casas e de seus filhos. Ao final de cada atividade, as usuárias teciam elogios e agradecimentos pelo conhecimento compartilhado e as crianças, em sua inocência, traziam abraços e sorrisos cheios de esperança de que em breve desfrutariam de uma infância (ou adolescência) normal, sem limitações.

REFERÊNCIAS

FORTE, T. L.; SATO, C. M. **Programa família participante**: a humanização hospitalar como resgate da dignidade, exercício da cidadania e transformação da gestão hospitalar. Curitiba: Associação Hospitalar de Proteção à Infância Dr. Raul Carneiro/ Hospital Pequeno Príncipe, 2006.

HOSPITAL PEQUENO PRÍNCIPE – HPPa. **Família participante**. Disponível em: https://pequenoprincipe.org.br/hospital/familia-participante/

HOSPITAL PEQUENO PRÍNCIPE – HPPb. **Casa de apoio**. Disponível em: https://pequenoprincipe.org.br/hospital/casa-de-apoio/

PROJETO DE EXTENSÃO GESTÃO DE RESÍDUOS

Débora Maria Vargas Makuch
Juliana Ollé Mendes
Adriana Cristina Franco
Andréia Lara Lopatko Kantoviscki
Daisy Elizabeth Jose Schwarz
Ivete Palmira Sanson Zagonel

Introdução

O Projeto de Extensão "Gestão de Resíduos" (PEGR), desenvolvido pelas Faculdades Pequeno Príncipe (FPP) com apoio da Fundação Araucária, foi proposto, no ano de 2014, com vistas a minimizar o impacto do descarte inadequado de resíduos sólidos de saúde no Hospital Pequeno Príncipe (HPP), contribuindo para o cumprimento das legislações vigentes no âmbito do gerenciamento de tais resíduos, por meio de conscientização da equipe de saúde e demais pessoas que circulam neste ambiente hospitalar.

Este projeto de extensão é abrangente e deu início às suas ações no HPP, por ser prioritário naquele momento. Posteriormente, no ano de 2016, as atividades passaram a abranger também as Faculdades Pequeno Príncipe (FPP), visto que o Plano de Gerenciamento de Resíduos Sólidos de Saúde (PGRSS) do Complexo Pequeno Príncipe, contempla esta unidade e se destina ao cumprimento de práticas ambientais e à padronização dos procedimentos internos, os quais devem ser de conhecimento de todos que atuam no complexo.

A participação de docentes da FPP, colaboradores do HPP e acadêmicos de graduação dos cursos de Enfermagem, Biomedicina, Farmácia, Psicologia e de Medicina, proporcionou a todos os envolvidos uma valiosa experiência, aproximando-se do contexto hospitalar com uma temática atual e de grande impacto para a sociedade e meio ambiente.

Conforme Nunes e Silva (2011, p. 130),

> a extensão universitária deve atuar como elo entre a universidade e a sociedade, sobretudo com os segmentos menos favorecidos. Por meio de diversas ações distribuídas em várias áreas temáticas como educação, saúde, comunicação, cultura, meio ambiente, direitos humanos, tecnologia e trabalho.

De acordo com a Associação Brasileira de Empresas de Limpeza Pública e Resíduos Especiais (2019), o Brasil gerou 79 milhões de toneladas de resíduos sólidos urbanos no ano de 2018. Deste volume 6,3 milhões de toneladas não foram coletadas e por consequência, tiveram destino impróprio.

O descarte inadequado de resíduos tem produzido passivos ambientais capazes de colocar em risco e comprometer os recursos naturais e a qualidade de vida das atuais e futuras gerações. Os Resíduos dos Serviços de Saúde (RSS) se inserem dentro desta problemática e vêm assumindo grande importância nos últimos anos. Apesar de configurarem 1% a 3% do total de resíduos sólidos, o que preocupa é o seu potencial de risco à saúde e ao meio ambiente (BRASIL, 2006).

O gerenciamento dos Resíduos do Serviço de Saúde é manejado conforme técnicas, normativas legais, que visam minimizar sua produção e impacto ambiental (STEHLING et al., 2012). A Resolução da Diretoria Colegiada (RDC) nº 306/2004 da Agência Nacional de Vigilância Sanitária (ANVISA), a Resolução do Conselho Nacional do Meio Ambiente (Conama) nº 358/2005 e a Associação Brasileira de Normas Técnicas (ABNT), dispõem sobre os regulamentos técnicos para o gerenciamento de Resíduos de Serviços de Saúde.

De acordo com a RDC Anvisa nº 306/04 e Resolução Conama nº 358/05, os RSS são classificados em cinco grupos, descritos no quadro 1.

Quadro 1 – Classificação dos Resíduos dos Serviços de Saúde

Grupos	Resíduos
Grupo A – engloba os componentes com possível presença de agentes biológicos que, por suas características de maior virulência ou concentração, podem apresentar risco de infecção.	Placas e lâminas de laboratório, carcaças, peças anatômicas (membros), tecidos, bolsas transfusionais contendo sangue, dentre outras.
Grupo B – contém substâncias químicas que podem apresentar risco à saúde pública ou ao meio ambiente, dependendo de suas características de inflamabilidade, corrosividade, reatividade e toxicidade.	Medicamentos apreendidos, reagentes de laboratório, resíduos contendo metais pesados, dentre outros.
Grupo C – quaisquer materiais resultantes de atividades humanas que contenham radionuclídeos em quantidades superiores aos limites de eliminação especificados nas normas da Comissão Nacional de Energia Nuclear – CNEN.	• Resultantes dos serviços de medicina nuclear e radioterapia.

continua...

continuação

Grupos	Resíduos
Grupo D – não apresentam risco biológico, químico ou radiológico à saúde ou ao meio ambiente, podendo ser equiparados aos resíduos domiciliares.	• Sobras de alimentos e do preparo de alimentos, resíduos das áreas administrativas.
• **Grupo E** – materiais perfurocortantes ou escarificantes.	Lâminas de barbear, agulhas, escalpes, ampolas de vidro, brocas, limas endodônticas, pontas diamantadas, lâminas de bisturi, lancetas; micropipetas; lâminas e lamínulas; espátulas; e todos os utensílios de vidro quebrados no laboratório (pipetas, tubos de coleta sanguínea e placas de Petri) e outros similares.

Fonte: Brasil (2004); Brasil (2005).

Reconhecendo a importância da ação para minimização dos impactos ambientais e dos sujeitos, o conhecimento e prática do manejo adequado dos Resíduos de Serviços de Saúde é de suma necessidade, para tal os objetivos propostos para o projeto foram: realizar diagnóstico situacional do conhecimento dos acadêmicos, professores, colaboradores e as demais pessoas que circulam no Hospital Pequeno Príncipe e nas Faculdades Pequeno Príncipe, acerca do descarte de resíduos sólidos de saúde; promover a sensibilização por meio da educação continuada em saúde, dos acadêmicos, professores e colaboradores destas instituições, acerca do descarte de resíduos sólidos de saúde, a partir do diagnóstico situacional; avaliar a mudança de comportamento dos acadêmicos, professores e colaboradores sobre a gestão de resíduos sólidos de saúde, contribuindo para a preservação ambiental.

Operacionalização do projeto (organização, fluxos)

Com o intuito de cumprir os objetivos elaborados, o projeto foi dividido em etapas de execução, as quais iniciam com o Processo Seletivo dos estudantes extensionistas, seja bolsista remunerado ou voluntários.

No Edital para convocação da seleção consta: data de abertura e fechamento das inscrições para o Processo Seletivo, local para efetivação das inscrições, objetivo central do projeto, pré-requisitos para a inscrição, e quantidade de vagas por curso, as quais variam de 3 (três) a 6 (seis) vagas para cada curso (Enfermagem, Biomedicina, Farmácia, Psicologia e Medicina).

O Processo Seletivo é divulgado em salas de aula e espaços acadêmicos e nas dependências da FPP, na forma impressa, exposição oral e por intermédio do uso das mídias sociais. A aprovação para integrar o grupo de estudantes extensionistas (voluntários) deste projeto segue os seguintes critérios:

1. Estar regularmente matriculado a partir do 2º período;
2. Interesse em participar das atividades do Projeto de Extensão "Gestão de Resíduos";
3. Disponibilidade de horário para participar das atividades propostas pelo projeto, considerando a carga horária semanal estabelecida, e sendo no contraturno do curso;
4. Participar da entrevista orientada pelos professores responsáveis por meio de conhecimentos sobre resíduos sólidos hospitalares, envolvimento e interesse em pesquisas.

Todos os acadêmicos selecionados desenvolvem o Plano de Trabalho Individual e realizam controle da frequência pessoalmente, com o auxílio da extensionista bolsista. Para cumprimento da carga horária de 4h semanais (mínimo esperado) os estudantes seguem a uma escala, de acordo com a ação proposta pelas docentes responsáveis, seja em pesquisas relacionadas ao tema do projeto, ações educativas, planejamento e organização de material de apoio a estas ações.

Para sua operacionalização, este projeto toma por base as etapas propostas por Charles Maguerez através do Método do Arco, ou Metodologia da Problematização, as quais são descritas a seguir.

Etapa 1 – Observação da Realidade: Os extensionistas são orientados a estudarem o Plano de Gerenciamento de Resíduos Sólidos de Saúde – PGRSS do Complexo Pequeno Príncipe, documento que aborda as normativas regentes sobre o gerenciamento de resíduos, caracteriza os resíduos existentes no complexo, sua segregação, acondicionamento, transporte e cuidados adequados, este documento explicita todo o percurso dos resíduos no ambiente do hospital, desde a lixeira correta onde devem ser descartados, os Equipamentos de Proteção Individual (EPI's) que o colaborador deve usar, até o descarte final, a empresa responsável por recolher este resíduo e o direcionar para o devido fim. Nesta etapa, o estudante observa a realidade por meio do diagnóstico situacional das unidades do HPP e FPP tomando por referencial o PGRSS.

Etapa 2 – **Levantamento de Pontos-Chave**: o estudante elenca as lacunas com relação ao PGRSS e sua aplicação prática. Identifica o conhecimento das pessoas, que circulam no ambiente acadêmico e hospitalar, por intermédio da aplicação do questionário do uso de resíduos.

Etapas 3 e 4 – **Teorização e Hipóteses de Solução**: o extensionista é estimulado a planejar ações de educação em serviço e educação em saúde no Gerenciamento de Resíduos. Prepara o material para a Educação em Serviço/

Saúde, instrumentalizando o grupo de estudantes, bolsistas e extensionistas. Além disso, é nesse momento que a Prática Baseada em Evidência é estimulada, o que contribui tanto para a produção científica dos estudantes quanto para o seu conhecimento quanto ao tema.

Etapa 5 – **Aplicação à Realidade**: finalmente, o estudante executa as ações planejadas e avalia o seu impacto no cotidiano das equipes da instituição.

Resultados e impactos alcançados

A Metodologia da Problematização instrumentaliza a prática pedagógica e promove "a autonomia intelectual do estudante, visando o pensamento crítico e criativo" (PRADO *et al.*, 2012, p. 173), base para uma aprendizagem dinâmica e articulada com as necessidades da comunidade, o que é o objetivo esperado para um projeto de extensão.

Após a observação da realidade, os dados tabulados foram apresentados em reunião com os responsáveis pelas instituições, respectivos Recursos Humanos, serviço de Educação Continuada do serviço de Enfermagem do HPP. Por meio do diagnóstico situacional constatou-se por exemplo, um número insuficiente de lixeiras e a necessidade de identificação visível e clara quanto ao resíduo que deveria ser disposto em cada uma delas. As instituições envolvidas prontamente adequaram o número de lixeiras por unidades e novas identificações foram elaboradas, o que permite um descarte com menos possibilidade de erro. É importante salientar que o diagnóstico situacional é realizado pelo menos uma vez por ano.

O diagnóstico desvelou a necessidade de modificações quanto à abordagem da temática pelo docente em aulas práticas realizadas nos laboratórios da faculdade, visto que a organização do ambiente e descarte de resíduos após as simulações ou treino de habilidades, ficava em alguns casos por conta da equipe do laboratório, o que desfavorecia a aprendizagem do estudante do manejo de resíduos na prática.

Para abordar os tópicos considerados essenciais desta temática (classes dos resíduos, lixeiras adequadas, cor do saco da lixeira, segregação adequada, manejo correto, tratamento e disposição final do resíduo), os estudantes utilizam diferentes formas de capacitação, dentre elas: conferências, palestras e *quiz* com o uso do *Kahoot* (ferramenta educacional) com distribuição de prêmios.

O PEGR participou da SIPAT – Semana Interna de Prevenção de Acidentes de Trabalho do HPP no ano de 2014 e organizou a Conferência sobre Gestão de Resíduos Sólidos Hospitalares no XII Enepe- Encontro de Ensino e Pesquisa e Extensão das Faculdades Pequeno Príncipe no ano de 2015.

No ano de 2016, implementado o "Projeto Resíduo Reciclável" que passou a coletar papéis e revistas no ambiente hospitalar e acadêmico. Esse projeto é uma parceria com uma empresa de reciclagem, a qual recolhe quinzenalmente os resíduos e em troca fornece ao hospital todo papel toalha e papel higiênico utilizado na instituição.

A "Dinâmica do descarte correto" configurou uma ação prática realizada pelo menos uma vez a cada semestre, onde os participantes recebiam resíduos dos principais grupos deste contexto (orgânico, descartável, infectante e perfurocortante) e optavam quanto ao descarte em determinada lixeira e para tanto, deveria justificar sua decisão, o que oportunizava o debate e a reflexão sobre o impacto desta ação simples e cotidiana.

O "Painel da Conscientização", realizado em 2019 expôs os dados levantados e estatísticas reais e atualizadas da realidade das consequências do descarte incorreto dos resíduos sólidos e hospitalares, utilizando como recurso, imagens impactantes de como o descarte afeta a natureza, o que permitia a abordagem individual ao público durante todo o decorrer da ação.

Neste mesmo ano, foi realizada a ação educativa "Sustentabilidade a cada gole" com o intuito de conscientizar quanto ao uso de canudos e copos plásticos e seus impactos no meio ambiente.

As ações educativas realizadas pelos extensionistas ao longo dos anos, atingiram um público de 1672 pessoas.

Quanto à produção científica, desenvolvidos os projetos de pesquisa "Percepções de Estudantes de Graduação da Área da Saúde sobre Gestão de Resíduos Sólidos Hospitalares" (2016) e "Tecnologias de Substituição de Recursos Não Renováveis" (2020). Apresentados 20 (vinte) trabalhos em eventos, os quais estão relacionados no quadro 2.

Quadro 2 – Distribuição dos trabalhos apresentados pelo PEGR

Ano	Título
2015	Resíduos sólidos hospitalares: problematizando o descarte sob a ótica de uma equipe multiprofissional
2015	Atuação do enfermeiro na gestão de resíduos sólidos hospitalares: revisão integrativa Prêmio Trabalho Destaque
2015	Atuação de acadêmicos de graduação na área da saúde em Projeto de Extensão de Gestão de Resíduos Sólidos Hospitalares: um relato de experiência Prêmio Trabalho Destaque
2016	Manejo de Resíduos Sólidos de Saúde: a integração de estudantes na extensão universitária

continua...

continuação

Ano	Título
2016	Percepções de Estudantes de Graduação da Área da Saúde quanto ao Conceito de Resíduos Sólidos Hospitalares
2016	Percepções de Estudantes de Graduação da Área da Saúde quanto ao Conceito de Resíduos Sólidos Hospitalares
2016	A Ótica Sustentável como princípio norteador na esfera de gestão: relato de experiência
2017	Gestão de resíduos: relato de experiência a partir da inserção em um projeto de extensão
2018	Diagnóstico Situacional do descarte de Resíduos Sólidos de Saúde em uma instituição de Ensino Superior: Relato de Experiência
2018	Resíduos de Serviços de Saúde: Um levantamento bibliográfico
2018	Incineração de Resíduos Químicos: Um levantamento bibliográfico
2018	O gerenciamento de Resíduos Laboratoriais: Revisão Integrativa
2018	O uso de Resíduos Sólidos e o gerenciamento de Resíduos em Serviços de Saúde: Revisão Integrativa
2019	Sensibilização de estudantes de uma instituição de Ensino Superior para a sustentabilidade ambiental
2019	O copo plástico e seus danos não descartáveis
2019	Os microplásticos e seu impacto na sustentabilidade ambiental
2019	Sustentabilidade na área da saúde: desafio interdisciplinar
2019	Estudantes de biomedicina em um projeto de extensão voltado para a sustentabilidade ambiental: Relato de experiência,
2019	Acadêmicos de enfermagem perante a sustentabilidade ambiental: Relato de Experiência
2019	Relato de experiência de estudantes de medicina frente a educação ambiental.

Fonte: Dados do projeto.

A produção de conhecimento advinda de um projeto de extensão deve, além de potencializar as habilidades de 'pesquisador' dos extensionistas, consolidar o compromisso social e a sua formação para o serviço de saúde, por meio da interação ensino-serviço-comunidade a qual favorece a adaptação real ao mundo do trabalho e a aprendizagem significativa (MAKUCH et al., 2018).

Considerações finais

Em busca de uma maior conscientização referente à gestão de resíduos, este projeto trabalha com a fundamentação teórica e a sua aplicação em atividades práticas, e busca oportunizar aos extensionistas o aprimoramento de habilidades de comunicação e de relacionamento pessoal.

Considerando a gravidade das consequências, tanto para a saúde humana quanto para o meio ambiente, busca-se a conscientização pela disponibilização de informações sobre os riscos do descarte incorreto de resíduos e quanto à sustentabilidade ambiental, o que torna importante uma base teórica sólida que confirme todas as preocupações acerca deste assunto, por meio de evidências científicas.

Contudo é no cotidiano acadêmico que o estudante, trabalhando em equipes multidisciplinares transforma-se em agente de transformação da realidade, e tal interesse extrapola os muros da academia modificando o seu entorno.

Neste período de quarentena, a internet e as redes sociais vêm trazendo muitos benefícios para uma grande parte da população. Enquanto as possibilidades do trabalho *home office*, aulas on-line, de adotar novas estratégias de comércio, manter relacionamentos afetivos e até desfrutar do lazer e da cultura já vinham ocorrendo nos últimos anos através das telas de *smartphones* e computadores, foi o isolamento social, devido ao surgimento do novo corona vírus (covid-19), que potencializou seu uso para conseguir manter certas rotinas durante a pandemia.

Hoje, por meio da *hashtag #FiqueEmCasa*, as pessoas podem desfrutar de treinamento físico, aulas de ioga, entrevistas com celebridades, shows, promoções de entregas em domicílio, cursos on-line, campanhas de solidariedade e até *memes*, o que faz das redes sociais ferramentas vitais nestes tempos, uma vez que, para o ser humano é vital se comunicar e manter o contato com o mundo.

Desta forma, as redes passaram a ter grande impacto no cotidiano das pessoas. É inegável que são parte integrante da sociabilidade dos jovens, servindo como espaço para interações com seus círculos de convivência. Com esta perspectiva e aliando às atividades acadêmicas e ao momento que se vive de pandemia, estes meios de comunicação têm servido como espaços de divulgação de projetos em geral, uma vez que as pessoas estão mais conectadas através das redes sociais em detrimento da necessidade de distanciamento social.

Assim, os jovens têm organizado grupos nas redes sociais para conscientização de seus pares e da comunidade em geral de temas essenciais, como a preservação do meio ambiente, a segregação adequada dos resíduos gerados considerando o maior tempo de permanência das pessoas em suas casas, a busca por novas estratégias para cuidado com o meio ambiente.

Conclui-se então que a temática de gestão de resíduos, independente do meio de comunicação ou da mídia social a ser utilizada, continuará a ocupar um espaço importante de discussão na sociedade, considerando sua relevância na qualidade de vida do ser humano por meio do cuidado com o planeta.

REFERÊNCIAS

ABRELPE – ASSOCIAÇÃO BRASILEIRA DE EMPRESAS DE LIMPEZA PÚBLICA E RESÍDUOS ESPECIAIS. **Panorama dos Resíduos Sólidos (2019)**. Disponível em: https://abrelpe.org.br/panorama/. Acesso em: 28 ago. 2020

BRASIL. Agência Nacional de Vigilância Sanitária. **Resolução da Diretoria Colegiada nº 306, de 7 de dezembro de 2004**. Disponível em: http://portal.anvisa.gov.br/documents/33880/2568070/res0306_07_12_2004.pdf/95eac-678-d441-4033-a5ab-f0276d56aaa6. Acesso em: 28 ago 2020

BRASIL. Conselho Nacional do Meio Ambiente. **Resolução nº 358, de 29 de abril de 2005**. Disponível em: http://www2.mma.gov.br/port/conama/legiabre.cfm?codlegi=462. Acesso em: 28 ago. 2020

BRASIL. Ministério da Saúde. Agência Nacional de Vigilância Sanitária. **Gerenciamento dos Resíduos de Serviços de Saúde**. Brasília-DF, 2006.

MAKUCH, Débora Maria Vargas *et al.* Tendências de mudanças no eixo projeto pedagógico na formação do enfermeiro. **Rev. Espaço para a Saúde.**, v. 19, n. 2, p. 20-32, 2018. Disponível em: http://espacoparasaude.fpp.edu.br/index.php/espacosaude/article/view/607. Acesso em: 28 ago. 2020

NUNES, Ana Lúcia de Paula Ferreira; SILVA, Maria Batista da Cruz. A extensão universitária no Ensino Superior e a sociedade. **Mal-Estar e Sociedade.**, Barbacena, v. 4, n. 7, p. 119-133, 2011.

PRADO, Marta Lenise *et al.* Arco de Charles Maguerez: refletindo estratégias de metodologia ativa na formação de profissionais de saúde. **Esc. Anna Nery**, v. 16, n. 1, 2012. Disponível em: https://www.scielo.br/pdf/ean/v16n1/v16n1a23.pdf. Acesso em: 28 ago. 2020

STEHLING, Mônica Campolina. *et al.* **Gestão de resíduos com risco biológico e perfurocortantes**: conhecimento de estudantes de graduação das áreas biológicas e da saúde da Universidade Federal de Minas Gerais. Disponível em: http://pesquisa.bvsalud.org/portal/resource/pt/bde-25514. Acesso em: 2 mar. 2015.

PROJETO DE EXTENSÃO COSMOS

Juliane Centeno Müller
Rafael Rizzetto Duarte Gomes Araújo
Andressa Rossi Junkes
Gabriel Marques Biava
Ivete Palmira Sanson Zagonel

Créditos: Andressa Rossi Junkes

Logo do Projeto Cosmos. O estetoscópio representa as ciências médicas em contato com a vastidão das outras ciências. A galáxia circundando um código genético nos mostra como tudo é tão conectado: nossos átomos vêm das estrelas, que por sua vez são regidas pelas leis da física, matemática e química. "Nós somos uma forma do Cosmos a contemplar a si mesmo". A logo foi criada e desenvolvida pela acadêmica Andressa Rossi Junkes.

Introdução

A educação médica esteve no último século baseada em princípios de ensino e aprendizagem hospitalocêntricos e com foco no processo da doença, como era proposto por Flexner em 1910, fundamentada na constituição sociocultural, política e econômica da época. A partir de transformações que ressignificam a maneira como a sociedade se organiza, se constitui, e, especialmente, como compreende o processo saúde doença, a educação médica também se modificou a fim de atender as necessidades emergentes dos novos processos (MACHADO et al., 2018).

A partir da instituição do Sistema Único de Saúde (SUS), em 1990, sob os princípios de Universalidade, Equidade e Integralidade (MATTA; PONTES, 2007), exigiu-se um profissional de saúde que harmonizasse a sua concepção a respeito do processo saúde-doença e do relacionamento com o paciente a estes princípios (MACHADO et al., 2018). A reformulação dessas perspectivas trouxe à educação em saúde, o cuidado centrado no paciente, um atributo em qualidade em saúde, o qual oferece uma abordagem holística do paciente, nas esferas biológicas, psicológicas e sociais, e seus determinantes, em busca da construção do bem-estar, respeitando as preferências do paciente (GOMES; MENDES JÚNIOR, 2017).

O paciente atual deseja, cada vez mais, participar ativamente do seu tratamento, e para tanto, exige-se a formação de profissionais capazes de compreender o paciente como um todo, no nível individual e coletivo, abordando seus valores e necessidades, e os determinantes que envolvem o seu processo saúde e doença, promovendo o estabelecimento de decisões compartilhadas (MACHADO et al., 2018). Sendo assim, atualmente, o estudante, como agente do conhecimento, deve resgatar seu papel ativo e central na produção de conhecimento, saindo da unicidade de uma aprendizagem baseada em apenas matérias exclusivas do seu curso de saúde.

Para a renovação da formação profissional, as metodologias ativas têm tido papel extraordinário, propondo ao estudante, de maneira geral, a reformulação constante dos conhecimentos e habilidades adquiridos, refutando a reprodução mecânica destes. A partir desse alinhamento, sugere-se a construção de uma visão analítica de fatos, eventos e conceitos, por meio de estímulo ao pensamento crítico, a uma teorização individual e provisória, cujo resultado seja a construção do conhecimento baseado no protagonismo da ação pelo sujeito, advindo de sua própria teorização sobre a questão analisada (GUZZO; LIMA, 2018; PAIVA et al., 2017).

Dessa maneira, envolvendo a preparação de profissionais da saúde protagonistas de seu processo de aprendizagem, o Projeto de Extensão ''Cosmos'' propõe a prática da oratória, o incentivo ao debate e a aplicação da interdisciplinaridade, como ferramentas a serem utilizadas. A interdisciplinaridade promove compreensão do processo saúde-doença, por meio da associação de diferentes áreas, o que permite ao profissional e ao estudante da área da saúde, na transição teoria-prática, maior diversidade, flexibilidade e, até mesmo inovação, para o enfrentamento de desafios (LANDSBERG, 2009; LIMA, 2010; LOCHNER *et al.*, 2020; MOTTA; AGUIAR, 2007).

Para tanto, o projeto teve como base a exposição de episódios do programa 'Cosmos' e subsequente análise, por meio de discussão, sobre os temas apresentados em cada episódio entre os participantes do projeto. Pois, a argumentação desenvolve a fala, o poder de convencimento e o senso crítico perante a necessidade diária da tomada de decisões. A prática da escuta, permite o desenvolvimento dessa valiosa habilidade que é imprescindível à execução de uma excelente anamnese, e, por fim, ambas permitem o desenvolvimento da empatia, com mais facilidade, a qual promove uma compreensão ainda maior do paciente (PORTO, 2014).

Quanto ao papel do cinema, este é um veículo de transmissão de informação e cultura muito perspicaz, o que se adéqua às necessidades atuais do profissional de saúde perante a aquisição de habilidades essenciais já citadas. Tanto que, em estudo realizado por Landsberg (2009), propôs-se a apresentação de filmes a estudantes de medicina do primeiro ano, seguida de discussão multidisciplinar sobre o tema, e, por fim, uma avaliação, por parte dos estudantes participantes sobre o experimento. Este estudo constatou que, houve satisfação com a experiência e maior envolvimento dos estudantes nas discussões sobre as temáticas médicas relacionadas aos filmes, pelo estímulo à construção de novas visões, que tal meio de comunicação possibilita.

Por fim, declara-se que a escolha do programa "Cosmos: uma viagem pessoal" de Carl Sagan se deu pela abrangência que possui em relação às temáticas que propiciam o desenvolvimento das diversas habilidades necessárias a um profissional de saúde já citadas. Sagan foi capaz de integrar história, física, química, biologia, geologia, medicina e as mais variadas áreas do conhecimento humano em um único e grandioso empreendimento, a ciência. Abordando conceitos profundamente complexos de maneira simples, ele nos mostra que tudo está conectado. Tal capacidade dialética, que o consagrou como o maior divulgador científico, é preciosa para a aprendizagem da transmissão de conhecimentos.

Justificativa

A sociedade atual se encontra em um processo de extrema racionalização e cientificismo. Embora se tenha atingido patamares tecnológicos e de pesquisa quase inimagináveis para as gerações anteriores, esse movimento também possui um lado ruim, caracterizado pela ultra especialização e fragmentação do conhecimento. Alguns textos citam até que essa característica é benéfica para uma melhor qualificação no mercado de trabalho, entretanto, para a Medicina é necessária uma unidade de conhecimento teórico-prático que integre todas as áreas de conhecimento acessíveis durante a graduação.

De acordo com Mazon e Trevizan (2001), essa integração dos conhecimentos deveria ser explorada em atividades extracurriculares, tal qual o nosso projeto de demonstração. No estudo de Souza e Souza (2009) é evidente também que o envolvimento de várias áreas do conhecimento é muito importante para o desenvolvimento das relações entre os profissionais e com os pacientes.

O Projeto de Extensão Cosmos foi além da proposição inicial de envolver estudantes de medicina para esses momentos de discussão, diálogo, aprimoramento do conhecimento e inter-relação entre os pares. Após perceber a procura e assiduidade dos estudantes de medicina, abriu-se a possibilidade de participação de estudantes de todos os cursos de graduação das Faculdades Pequeno Príncipe (FPP). Essa abertura trouxe a discussão interdisciplinar, de forma a fortalecer ideias, experiências e vivências. O olhar de distintas profissões agrega à discussão, considerando que o trabalho na área de saúde é em equipe.

Objetivos

- Desenvolver conhecimento interdisciplinar de maneira objetiva e reflexiva, visando, além do próprio conhecimento, a capacidade de comunicação eficaz com a equipe de trabalho, futuros pacientes e suas famílias, assim como a inserção no contexto social, político e cultural;
- Incentivar o pensamento crítico no profissional de saúde, a partir da busca de conhecimentos científicos, sempre procurando integrar as diversas áreas do conhecimento;
- Instigar a compreensão de um assunto científico a partir de uma perspectiva integrada e influenciada pelas diferentes esferas sociais que permita o desenvolvimento de uma compreensão ampliada e efetiva na prática das ciências da saúde e biológicas;
- Aperfeiçoar a propagação do conhecimento científico como complemento às habilidades desenvolvidas durante a graduação, uma vez que, na prática como profissional da saúde, necessitarão explicar patologias, riscos, circunstâncias e outras complexidades do vocabulário da área da saúde às pessoas que, muitas vezes, são leigas nesse assunto.

Operacionalização do projeto

Seleção dos extensionistas

A seleção dos extensionistas ocorreu por meio de abertura de editais semestrais entre os anos de 2015 a 2019, publicados pelas FPP e a mesma foi realizada periodicamente de acordo com a necessidade de ingresso de mais estudantes para compor o grupo.

A seleção era realizada através de uma avaliação escrita com peso 7,0 e pela análise do *Currículo Lattes*, com peso de 3,0 pontos. A avaliação escrita consistia em um questionário, que abordava o motivo pelo qual o estudante se interessava pelo projeto de extensão, a importância da divulgação científica no país e no mundo, assim como quais temáticas o estudante acreditava ser importantes a serem discutidas nos encontros. A correção foi feita às cegas, sempre por duplas de avaliadores.

Desenvolvimento das ações e recursos utilizados

O Projeto foi desenvolvido por meio de apresentações semanais de episódios da série "Cosmos", apresentada originalmente por Carl Sagan e posteriormente por Neil de Grasse Tyson na série reeditada "Cosmos: Uma Odisseia do Espaço-Tempo". A série foi originalmente produzida pela *Committee for Educational Television* (KCET), *British Broadcasting Corporation* (BBC) e *Carl Sagan Productions*. Após cada episódio, com duração de aproximadamente 50 minutos, era realizada uma apresentação e discussão sobre os temas abordados no episódio e outros temas científicos relacionados, incluindo a participação de todos os presentes (professores, acadêmicos internos e de outras instituições e extensionistas do projeto).

O Projeto foi realizado aos sábados pela manhã, em uma sala da FPP, com disponibilidade de espaço e equipamentos (retroprojetor e computador) para a realização dos encontros. Os encontros eram iniciados às 09:00 horas da manhã, com duração de aproximadamente três horas.

O primeiro momento do encontro consistia na apresentação do episódio seguido da apresentação de um tema científico relacionado através de slides ilustrativos que continham dados de artigos científicos, notícias, poesias, músicas, pinturas, charges, e outras fontes relevantes sobre o tema abordado. Dessa maneira, os participantes poderiam discutir os temas científicos e perceber o impacto social de cada temática na ciência, na política, nas artes, nos meios de comunicação, nas diferentes culturas, etc. Isso favoreceu a compreensão e a percepção multidisciplinar sobre diferentes temáticas que permeiam a história da humanidade num determinado período.

O segundo momento do encontro era o desenvolvimento de uma roda de conversa sobre o tema em questão do episódio e dos temas científicos relacionados. Os extensionistas, com apoio da professora orientadora, deveriam assegurar que a discussão não ocorresse de maneira inadequada ao tema, semelhante como fazem os tutores em sala de tutoria na metodologia de ensino baseado em problemas, ou *Problem Based Learning* (PBL). Ao término de cada encontro realizado pelo projeto de extensão Cosmos, era solicitado que um ou mais participantes, quando houvesse interesse, desenvolvessem um texto reflexivo sobre algum tema discutido naquele encontro.

Os dois primeiros anos do projeto (2015-2016) foram desenvolvidos através das apresentações da série original "Cosmos" apresentada por Carl Sagan. Nos anos seguintes (2017-2019), os encontros desenvolvidos pelo projeto de extensão também se basearam no *remake* "Cosmos: Uma Odisseia do Espaço-Tempo", apresentada pelo físico Neil de Grasse Tyson.

Resultados e impactos alcançados

O projeto Cosmos ao longo de sua trajetória realizou vinte e quatro encontros que nortearam a discussão dos mais diversos temas científicos, com a participação de 8 extensionistas e 297 acadêmicos participantes das discussões de diferentes cursos de graduação (Tabela 1).

Tabela 1 – Distribuição do número de extensionistas e público atingido pelo Projeto de Extensão Cosmos no período de 2015-2019

Período	2015	2016	2017	2018	2019	Total
Estudantes extensionistas	3	5	5	5	3	**8#**
Público atingido	46	92	117	24	18	**297**

Fonte: Dados do projeto.

O total de extensionistas difere da soma de extensionistas por ano devido a permanência de vários extensionistas por mais de um ano do desenvolvimento do Projeto de Extensão Cosmos.

A descrição de cada encontro de acordo com a cronologia se encontra descrito a seguir:

Demonstrativo dos encontros e temáticas do Projeto de Extensão Cosmos no período de 2015-2019

Período	Encontro, episódio e temática
2º semestre 2015	(12/09/2015) Primeiro encontro – Os limites do oceano cósmico (*The shores of the cosmic ocean*). Tema discutido: "Ciência de base e ciência aplicada". Discutimos, também sobre a importância dos centros de pesquisa. (26/09/2015) Segundo encontro – As Origens da Vida (*One Voice in the Cosmic Fugue*). Tema discutido: "A origem da vida". Apresentamos as principais descobertas no âmbito científico da origem da vida e alguns contos sobre as origens, advindos da massiva quantidade de religiões à nossa volta. (03/10/2015) Terceiro encontro – A Harmonia dos Mundos (*The Harmony of The Worlds*). Tema discutido: "A revolução na saúde com enfoque na medicina baseada em evidências". Abordamos tanto a história dela, quanto como ela é praticada. (24/10/2015) Quarto encontro – Céu e Inferno (*Heaven and Hell*). Tema discutido: "Os riscos do uso de substâncias químicas não registradas no Brasil e a responsabilidade médica: Conhecimento dos ensaios pré-clínicos e clínicos que permeiam esta trajetória". (07/11/2015) Quinto encontro – Os Segredos de Marte (*Blues for a Red Planet*). Tema discutido: "Melhoramento e manipulação genética empregadas pelo homem. ética e efeitos/consequências". (21/11/2015) Sexto encontro – Histórias de Viajantes (*Travellers Tales*). Tema discutido: "Recomendações literárias para as férias". Em tal lista entraram diversos títulos, desde os científicos, como "A viagem de Beagle", do próprio Charles Darwin, até obras mais relativas às esferas humanas, como o "Na pior em Paris ou em Londres", de George Orwell.
1º semestre 2016	(19/03/2016) Sétimo encontro – A Espinha Dorsal da Noite (*The Backbone of Night*). Tema discutido: "A educação em seu contexto acadêmico". (16/04/2016) Oitavo encontro – Viagens no Espaço e no Tempo (*Travels in Space and Time*). Tema discutido: "Os princípios da concepção e o aborto: uma abordagem científica". (07/05/2016) Nono encontro – A Vida das Estrelas (*The Lives of Stars*). Tema discutido: "Estereótipos". Trouxemos uma variada quantidade de exemplos, ressaltando, principalmente os estereótipos no contexto da ciência. (04/06/2016) Décimo encontro – O Limiar da Eternidade (*The Edge of Forever*). Tema discutido: "Quando os cientistas conhecem o pecado". Em relação a este tema, nós discutimos como a ciência, quando mal utilizada, pode trazer consequências catastróficas para milhares de vidas.

continua...

continuação

Período	Encontro, episódio e temática
2º semestre 2016	(13/08/2016) Décimo primeiro encontro – A Persistência da Memória (*The Persistence of Memory*). Tema discutido: "A neurobiologia e o futuro". (01/10/2016) Décimo segundo encontro – Enciclopédia Galáctica (*Encyclopaedia Galactica*). Tema discutido: "O pensamento crítico e como este é uma maneira cética de interrogar o universo". (03/12/2016) Décimo terceiro encontro – Quem Pode Salvar a Terra? (*Who Speaks for Earth?*). Tema discutido: As problemáticas sobre o "desmatamento e a emissão dos gases clorofluorcarbonetos (CFCs) e metano sobre o meio ambiente e o efeito estufa". Além disso foi também discutido a relação do aquecimento global com diversas doenças e catástrofes naturais.
1º semestre 2017	(11/03/2017) – Décimo quarto encontro – De pé na Via (*Standing Up in the Milky Way*). Tema discutido: "Reflexões sobre educação". (29/04/2017) – Décimo quinto encontro – Algo que as moléculas são capazes de fazer (*Some of the things that molecules do*). C "Das moléculas ao tudo, reflexões sobre genética, preconceito e xenofobia". (26/08/2017) – Décimo sexto encontro – Quando o conhecimento venceu o medo (*When knowledge conquered fear*). Tema discutido: "A neurobiologia do *mindfulness* e um aparte sobre ciência e espiritualidade".
2º semestre 2017	(23/09/2017) – Décimo sétimo encontro – Um céu cheio de fantasmas (*A sky full of ghosts*). Tema discutido: "A cronobiologia e o ritmo cadenciado da vida". (21/10/2017) – Décimo oitavo encontro: Escondidos na Luz (*Hiding in the light*). Tema discutido: "A morte: aspectos biológicos, antropológicos, psicológicos e sociológicos". (18/11/2017) – Décimo nono encontro: Aprofundando (*Deeper, deeper, deeper still*). Tema discutido: "O espectro da Memória".
1º semestre 2018	(24/03/2018) – Vigésimo encontro – As Irmãs do Sol (*Sisters of the Sun*). Tema discutido: "Reflexões sobre a violência". (05/05/2018) – Vigésimo primeiro encontro – Sem Medo do Escuro (*Unafraid of The Dark*). Tema discutido: "Autoconhecimento e a neurociência no comportamento humano". (16/06/2018) – Vigésimo segundo encontro – Os Imortais (*The Imortals*). Tema discutido: "Pseudociência e propagação de fakenews".

continua...

continuação

Período	Encontro, episódio e temática
2º semestre 2018	(01/09/18) – Vigésimo terceiro encontro – Os Mundos Perdidos do Planeta Terra (*The Lost Worlds of Planet Earth*). Tema discutido: "Suicídio e Depressão". (10/11/18) – Vigésimo quarto encontro – As irmãs do Sol (*Sisters of the sun*). Tema discutido: "Cosmos com Elas" – uma discussão sobre o feminismo.
1º semestre 2019	*(25/04/19) – Tema discutido: "Poluição ambiental e saúde pública". *(06/06/19) – Tema discutido: "Fenômenos e doenças psicossomáticas e a guerra contra o intelecto".

Fonte: Dados do Projeto.

Obs.: * Encontros que não tiveram a apresentação do episódio do Cosmos antes da roda de conversa devido ao tempo restrito.

O projeto de extensão Cosmos também marcou presença em outros eventos científicos, tais como a Semana Acadêmica de Medicina das Faculdades Pequeno Príncipe (setembro de 2016), a Semana Acadêmica de Biomedicina das Faculdades Pequeno Príncipe (setembro de 2016), o VIII Fórum Nacional de Metodologias Ativas de Ensino – Aprendizagem na Formação em Saúde (novembro de 2016), o XIII Encontro Nacional de Ensino e Pesquisa (Enepe, setembro de 2016) e o 10º Congresso Paulista de Educação Médica (maio de 2016).

Finalmente, conseguimos reunir diversos relatos reflexivos realizados por participantes do Projeto de extensão Cosmos ao final dos encontros. Alguns destes relatos estão reescritos abaixo:

Relatos de participantes

Relato referente ao sétimo encontro – acadêmica de jornalismo

> Existe um lugar, na divisa entre Paraná e São Paulo, na região do Vale do Ribeira – a mais pobre do estado Paulista – chamado Miracatu. Localizado a uma latitude 24°16'53" sul e a uma longitude 47°27'35" oeste, o município tem um total de 33.134 habitantes e possui um IDH no valor de 0,748. Miracatu é, na verdade, uma republiqueta de plantações de banana que reflete a sociedade colonial de uma minoria de ricos mandantes em oposição a uma vastidão de pobres ignorados, como permanece o Brasil até hoje. Como é também o mundo em que habitamos. A cidade torna-se relevante para esta história quando, aos 7 anos, andando de carro por um descampado em um de seus bairros nada pitorescos, o Faú, eu vi uma estrela cadente. Apontei e gritei para aquele fenômeno raro, mas fui reprimida no ato por um de meus primos. "Se você aponta pra uma

estrela nasce uma verruga no seu dedo." Meu desejo desesperado foi, então, para que a verruga nunca aparecesse. Até a presente data, meu indicador direito permanece sem qualquer anomalia. As estrelas têm um papel importantíssimo para o imaginário humano, que caminha há milhões de anos à sua margem. Para a ciência, as luzes que vemos no céu são, pragmaticamente, esferas de plasma, há anos luz de distância e seu representante mais próximo é o Sol. Porém, pode ser também aquela justificativa para o papiloma vírus humano na ponta do dedo ou até um ente querido que faleceu. Avô Samuel, Tia Nora, meu coelho Churchill e Peixoto, meu peixe Beta, foram para o céu e viraram estrelas. Foi isso que me disseram quando criança, e sorte a minha que sou ingênua – ou até bastante criativa – para acreditar. A astronomia que nos ensinaram na vida escolar é limitadíssima vis-à-vis nosso brilhantismo nato. Nossa mente foi comprimida para pensarmos em dicotomias políticas e sociais dentro do nosso quintal, enquanto planetas lá longe eram indiferentes à nossa realidade, tendo apenas um papel decorativo nas apostilas. A verdade é que devíamos nos considerar como cidadãos honorários da via láctea, compartilhando o universo com outras possibilidades, muito maiores que o nosso ego e senso autodestrutivo. É difícil acreditar, mas o universo não é feito só de neoliberais e socialdemocratas. Outros planetas podem ter atingido formas políticas muito superiores trabalhando em coletividade enquanto estamos aqui, observando solenemente a intolerância nos guiar a um passado não muito distante. Talvez esteja na hora de frear o mundo, contemplar mais e ter menos certezas. Carl Sagan foi um grande desafiador do mecanicismo científico quando nos ensinou que o universo é mais poético do que a gente pensa. A nossa casa, o planeta Terra, é uma grande dançarina no balé galáctico do Sol, tão forte que atrai outros astros que estão por perto. E não é perto como ir de Miracatu a Curitiba de carro, mas bilhões de quilômetros de distância. A Terra, ainda, rodopia em seu próprio corpo, em um ciclo fabuloso que nos faz ver o dia raiar, a noite cair e as estrelas brilharem fortemente para quem tem a sorte de frequentar um descampado em um vale. A gente vive para girar: em torno da nossa alma, sensível ao outro, coabitante do subúrbio da via láctea. A verdade é que diante dessa aleatoriedade em que eu podia ter nascido na Idade Média, ou ser um habitante de outro planeta em outra galáxia, eventual frequentador de Varginha, é um enorme prazer dividir a vida com as pessoas que interajo hoje, tão inspiradoras em suas diversidades e singularidades. Tempo e espaço nos permitiram existir. Valeu, Cosmos!

Relato referente ao nono encontro – acadêmica de psicologia da FPP

Somos filhos do Sol, disse Sagan, todos feitos de matéria. Reconstruídos sobre mundos destruídos. Polegar opositor, telencéfalo altamente desenvolvido. Diferentes em nossas semelhanças, sabiamente capazes de amar.

> Mas ainda existem pessoas que comem depois dos porcos, pegando desesperadamente cada massa nojenta que não esteja com algum bicho – vivo. Mesmo que igual, ainda tem gente que come lixo dos outros animais como nós. Mesmo desenvolvido ainda tem gente maravilhosa que nunca saberá, que nunca contribuirá. Mesmo vivendo ainda não será vista, vivemos andando com nossas cabeças erguidas, eretos, protegendo a saúde mental. Todos feitos de matéria. Reconstruídos sobre mundos destruídos. Polegar opositor, telencéfalo altamente desenvolvido. Diferentes em nossas semelhanças que se olhar para baixo verá as cabeças calejadas dos invisíveis onde só aparecem os olhos pedintes. Só vemos o reflexo do nosso próprio ser. A ciência não chegou até eles? Ou o direito à vida, cria, voz ou até quem sabe, comida.

Relato referente ao décimo segundo encontro – acadêmica de medicina da FPP

> Nós, universitários, futuros profissionais, precisamos desenvolver pensamento crítico. Precisamos fugir do senso comum, da opinião que a mídia nos impõe. Em nossa grade curricular, não temos abertura para discussões que não envolvem diretamente a área da saúde. É importante refletir. É importante não se ater ao senso comum. É importante não saber "só medicina", "só psicologia". O conhecimento do universo, da filosofia, da antropologia nos proporciona crescimento pessoal. Sinto que em cada encontro do Projeto Cosmos, faço uma autorreflexão que contribui para o aprimoramento de quem eu sou, e consequentemente da profissional que eu serei.

Considerações finais

O Projeto Cosmos nasceu, a partir das inquietudes de estudantes que possuem afinidade com os pilares da educação superior, o ensino, pesquisa científica e extensão, da vontade de propagar conhecimentos interdisciplinares e tão importantes nos dias atuais, incentivar o pensamento crítico.

Foi possível observar pelas discussões e indagações que surgem em cada encontro, assim como pelos relatos escritos por diferentes acadêmicos, que o projeto conseguiu incentivar o debate científico estimulando a habilidade de comunicação e interdisciplinaridade.

Além disso, como as temáticas discutidas nos encontros estavam sempre relacionadas com acontecimentos da atualidade, os acadêmicos puderam também debater fatos, fenômenos e teorias científicos levando em consideração a singularidade do ser – humano, mas ao mesmo tempo inseridos no contexto histórico e cultural de nossa sociedade.

REFERÊNCIAS

GOMES, P. G.; MENDES JÚNIOR, W. V. O cuidado centrado no paciente nos serviços de saúde: estratégias de governos e organizações não governamentais. **Revista Acreditação**, ACRED, v. 7, n. 13, p. 23-43, 2017.

GUZZO, G. B.; LIMA, V. M. R. O desenvolvimento do pensamento crítico na educação: uma meta possível? **Educação Unisinos**, v. 22, n. 4, p. 334-343, 2018. Disponível em: https://doi.org/10.4013/edu.2018.224.11.

LANDSBERG, G. A. P. Vendo o outro através da tela: cinema, humanização da educação médica e medicina de família e comunidade. **Revista Brasileira de Medicina da Família e Comunidade**, p. 298-304, 2009.

LIMA, E. P. Epidemiologia e estatística: integrando ensino, pesquisa, serviço e comunidade. **Revista Brasileira de Educação Médica**, v. 34, n. 2, p. 324-328, 2010.

LOCHNER, L.; WIESER, H.; OBERHÖLLER, G.; AUSSERHOFER, D. Interprofessional team-basedlearning in basic sciences: students' atitude and perception of communication and teamwork. **International Journal of Medical Education**, p. 214-221, 2020. Disponível em: https://doi.org/10.5116/ijme.5f5b.24e3

MACHADO, C. D. B.; WUO, A.; HEINZLE, M. Educação médica no Brasil: uma análise histórica sobre a formação acadêmica e pedagógica. **Revista Brasileira de Educação Médica**, v. 42, n. 4, p. 66-73, 2018. Disponível em: https://doi.org/10.1590/1981-52712015v42n4rb20180065

MAIZES, V.; RAKEL, D.; NIEMIEC, C. Integrative medicine and patient-centered care. **Explore**, NY, v. 5, n. 5, p. 277-289, 2009. Disponível em: DOI: 10.1016/j.explore.2009.06.008.

MATTA, G. C.; PONTES, A. L. M. **Princípios e diretrizes do Sistema Único de Saúde. Políticas de saúde**: Organização e Operacionalização do Sistema Único de Saúde. Rio de Janeiro: EPSJV/Fiocruz; 2007. p. 61-80.

MAZON, L; TREVIZAN, M. A. Fecundando o processo da interdisciplinaridade na iniciação científica. **Revista Latino-Americana de Enfermagem**, Ribeirão Preto, v. 9, n. 4, p. 83-87, 2001.

MOTTA, L. B.; AGUIAR, A. C. Novas competências profissionais em saúde e o envelhecimento populacional brasileiro: integralidade, interdisciplinaridade e intersetorialidade. **Ciência & Saúde Coletiva**, v. 12, n. 2, p. 363-372, 2007. Disponível em: https://doi.org/10.1590/S1413-81232007000200012

PAIVA, M.; PARENTE, J.; BRANDÃO, I.; QUEIROZ, A. Metodologias ativas de ensino-aprendizagem: revisão integrativa. **SANARE – Revista de Políticas Públicas**, v. 15, n. 2, p. 145-153, 2017.

PORTO, C. C. **Semiologia médica**. 7. ed. [*S.l.*]: Guanabara Koogan, 2014.

SOUZA, D. R. P.; SOUZA, M. B. B. Interdisciplinaridade: identificando concepções e limites para a sua prática em um serviço de saúde. **Revista Eletrônica de Enfermagem**, São Carlos, v. 11, n. 1, p. 117-123, 2009.

HABILIDADES SOCIAIS E COMPETÊNCIAS PROFISSIONAIS PARA REDUÇÃO DE RISCOS DE AGENTES DE SEGURANÇA PÚBLICA

Adriana Maria Bigliardi
Ivete Palmira Sanson Zagonel
Silvia Regina Hey
Ivana Weber Bonin
Liliane Aparecida Ferreira
Luciano de Oliveira
Aline Oliveira dos Santos
Jeniffer dos Santos Maciel

Introdução

Em inúmeras situações os profissionais são submetidos a níveis elevados de estressores externos, que podem ser inerentes à sua profissão e/ou produzidos por agressões e episódios de violência contra o trabalhador no seu local de trabalho; relações de trabalho deterioradas; violência ligada às relações de gênero e o assédio moral, caracterizada pelas agressões entre pares, chefias e subordinados. Além de um excessivo contingente de pessoas a serem atendidas.

Agentes de Segurança Pública prestam um serviço essencial à comunidade e, para tal, são submetidos a uma exposição contínua a situações de risco à sua integridade física e emocional. Pesquisas indicam que "Policiais, em todo o mundo, constituem uma das categorias de trabalhadores com maior risco de morte e de exposição ao estresse" (TAVARES *et al.*, 2017, p. 2).

Entre os fatores de risco para agravos à saúde do agente de segurança pública, encontra-se a exposição contínua aos níveis elevados de estressores externos.

Alguns desses agentes estressores podem provocar reações neuroendócrinas, pois, ao expor o ser humano a situações de emergência, geram uma "síndrome de estresse". O estresse é um conjunto de reações do organismo acompanhado de mudanças comportamentais que refletem a tentativa do organismo em retornar ao estado de excitação padrão e homeostático do indivíduo (LIPP, 2003/2007). Manifesta-se no campo físico como, por exemplo, dores abdominais, tensão muscular; psicológico, como depressão, irritabilidade, ansiedade; ou em ambos. A fonte de tensão pode ser externa ao próprio organismo, como uma exigência de algo ou alguém, ou interna, exemplificada como uma auto demanda, ou auto cobrança. Toda mudança que exija adaptação por parte do organismo causa certo nível de estresse (LIPP, 2001).

Vale ressaltar que o estresse é uma reação do organismo, com componentes físicos e/ou psicológicos, causado pelas alterações psicofisiológicas que ocorrem quando a pessoa se confronta com uma situação que a irrite, amedronte, excite ou confunda, ou mesmo que a faça imensamente feliz (ABS, 2012).

Rangé (2001) refere que o agente estressor, tanto negativo como positivo, é qualquer situação geradora de um estado emocional forte, que provoca a quebra da homeostase interna exigindo alguma adaptação. Os agentes estressores classificam-se em estressores externos (exógenos): são eventos ou condições externas que afetam o organismo; e estressores internos (endógenos): são determinados pelo próprio indivíduo. Estes se caracterizam pelo modo de ser da pessoa, se ela é ansiosa, tímida, depressiva. Podemos exemplificar como estressores internos as crenças irracionais, falta de assertividade e dificuldades de expressar sentimentos (LIPP, 2001).

Em algumas circunstâncias, o estresse pode ser benéfico ao organismo, pois o fortalece, preparando-o para lutar ou fugir, aumentando a eficiência do sistema imunológico, da resistência muscular, ossos, tendões e ligamentos, da capacidade cardiorrespiratória além das melhoras das funções cognitivas do cérebro. Por outro lado, quando os estímulos estressores acontecem em uma frequência ou intensidade maior do que a capacidade do organismo de recuperar sua homeostase, mantendo o sistema simpático ativado, ele pode causar sérios danos (BOTSARIS, 2003).

Situações adversas, repentinas ou não, podem se configurar em um estressor traumático extremo e a exposição de um indivíduo a essas situações pode trazer sérias consequências. Estes eventos estressores podem envolver a experiência pessoal direta de um evento real ou ameaçador que envolve morte, sério ferimento ou outra ameaça à própria integridade física; ter testemunhado um evento que envolve morte, ferimentos ou ameaça à integridade física de outra pessoa; ou o conhecimento sobre morte violenta ou inesperada, ferimento sério ou ameaça de morte ou ferimento experimentado por um membro da família ou outra pessoa em estreita associação com o indivíduo (DSM, 2014).

O estresse emocional é uma reação complexa e global do organismo, envolvendo componentes físicos, psicológicos, mentais e hormonais, que se desenvolve em etapas, ou fases e que pode impactar num trauma psicológico. Desse modo, o trauma psicológico refere-se ao impacto crítico e extremo de um estressor no funcionamento psicológico ou biológico de um indivíduo (FLANERRY, 1999 *apud* GUERREIRO *et al.* 2007).

As pessoas que passam por eventos traumáticos podem perder o controle físico e psicológico da situação, experimentando níveis elevados de ansiedade, alterando os padrões normais da neuroquímica, e, por conseguinte, das cognições, dos afetos e dos comportamentos, trazendo prejuízos biopsicossociais (KNAPP; CAMINHA, 2003).

Uma das consequências da exposição ao estresse é o desenvolvimento de Transtorno de Estresse Pós-Traumático (TEPT), que se caracteriza pela revivescência de um evento extremamente traumático, acompanhada por sintomas de excitação aumentada e esquiva de estímulos associados com o trauma, embotamento da responsividade geral e ansiedade aumentada, ocorrendo, em geral, nos três primeiros meses após o trauma. Sua prevalência é de aproximadamente 15% a 24% dos indivíduos expostos a eventos traumáticos (VIEIRA; GAUER, 2003).

De acordo com o DSM-V os critérios para o diagnóstico de TEPT são: 1) A existência de um evento traumático claramente reconhecível como um atentado à integridade física, própria ou alheia, que haja sido experimentado direta ou indiretamente pela pessoa afetada e que lhe provoque temor, angústia ou horror; 2) A *reexperimentação* repetida do evento, ou seja, pensamentos recorrentes e intrusivos (*flashback*), pesadelos, comportamento como se o evento ocorresse novamente; 3) A insensibilidade afetiva, identificável pela diminuição expressiva no interesse em realizar atividades comuns ou significativas, especialmente se tem alguma relação com o evento traumático, sensação de alheamento em relação às outras pessoas, restrição afetiva; 4) Ativação psicomotora, em forma de hiperatividade, distúrbios do sono, dificuldade para concentrar-se, irritabilidade (DSM, 2014).

Variáveis cognitivas influenciam a interpretação dada ao evento estressante, que é, em si, mais relevante do que o evento propriamente dito (RANGÉ, 2001; PELLEGRINI; CALAIS; SALGADO, 2012).

Assim, constata-se que pessoas socialmente habilidosas apresentam melhores recursos de enfrentamento ao estresse.

As Habilidades Sociais (HS) são comportamentos sociais que fazem parte do repertório de uma pessoa e contribuem para que apresente um desempenho social bem-sucedido com relacionamentos interpessoais mais satisfatórios e duradouros e desempenho profissional mais produtivo. Estas classes de comportamentos contribuem para o bem estar físico e mental e para um bom desempenho profissional, emocional e psicológico (DEL PRETTE; DEL PRETTE, 2001; DEL PRETTE; DEL PRETTE 2004; CABALLO, 2006; DEL PRETTE, 2008; DEL PRETTE; DEL PRETTE, 2011).

Del Prette e Del Prette (1999/2001) descreveram diferentes categorias de Habilidades Sociais que compõem o repertório de comportamento de um indivíduo: (a) habilidades sociais de comunicação; (b) habilidades sociais de civilidade; (d) habilidades sociais assertivas de enfrentamento; (e) habilidades sociais empáticas; (e) habilidades sociais de trabalho; (f) habilidades sociais de expressão de sentimentos positivos.

As HS interferem diretamente nas habilidades de comunicação, na assertividade, na interação e cooperação, na capacidade de resolução de conflitos interpessoais, na capacidade de desempenho profissional, na expressão de sentimentos, na defesa dos próprios direitos (DEL PRETTE, 2008; DEL PRETTE; DEL PRETTE, 2011).

De acordo com Caballo (2013) pode-se considerar que o indivíduo apresenta um comportamento socialmente habilidoso quando o indivíduo se expressa com atitudes e opiniões que respeitem seus próprios desejos e necessidades e respeitem aos outros; apresenta habilidade de antecipar situações negativas e agir de forma preventiva e propor soluções imediatas a problemas.

A isto, se acrescenta o fato que para um desempenho adequado é imprescindível que o indivíduo realize uma leitura adequada do ambiente conforme referem Del Prette e Del Prette (2001b, p. 33):

> o desempenho socialmente competente é aquele que expressa uma leitura adequada do ambiente social, que decodifica corretamente os desempenhos esperados, valorizados e efetivos para o indivíduo em sua relação com os demais.

Ao passo que Del Prette e Del Prette (2001), descrevem a competência social como:

> capacidade do indivíduo de organizar pensamentos sentimentos e ações em função de seus objetivos e valores articulando-os às demandas imediatas e mediatas do ambiente" (DEL PRETTE; DEL PRETTE, 2001, p. 31).

E, de acordo com os autores, os principais critérios para avalição da competência social são:

> consecução dos objetivos da interação; manutenção ou melhora da autoestima; manutenção ou melhora a qualidade da relação; maior equilíbrio entre ganhos e perdas entre os parceiros da relação; respeito e ampliação dos direitos humanos básicos (DEL PRETTE; DEL PRETTE, 2001, p. 34).

As pessoas que se destacam nos ambientes corporativos se diferenciam por serem mais hábeis e apresentarem competências sociais mais desenvolvidas que os demais profissionais. Ao passo que pessoas com menos habilidades podem apresentar uma leitura de ambiente equivocada, crenças limitantes e ansiedade que comprometem a sua competência de emitir respostas mais assertivas (GOLEMAN, 2001).

A emissão de respostas mais assertivas aos diferentes contextos depende da capacidade de percepção, avaliação, compreensão, expressão e controle das próprias emoções, ou em outras palavras, depende do indivíduo ser dotado de inteligência emocional (MAYER; SALOVEY, 1997).

Na ausência de condições adequadas de enfrentamento, o indivíduo pode desenvolver sintomas que comprometem significativamente a sua qualidade de vida e, consequentemente, comprometem a qualidade dos serviços oferecidos à comunidade.

Para proporcionar qualidade dos serviços oferecidos à comunidade é imprescindível viabilizar o desenvolvimento de habilidades sociais e de competências dos profissionais por meio de programas de intervenção, que proporcionam o autoconhecimento e o desenvolvimento de padrões emocionais e comportamentais mais assertivos. Programas que contribuam para melhora na discriminação de contingências e de emissão de diferentes respostas a diferentes situações, para que a pessoa possa resignificar situações vividas. Situações estas que criaram bloqueios, a ponto de impedir a ampliação de suas habilidades, assim como que desenvolvam competências que contribuam para melhora na discriminação de contingências e de emissão de diferentes respostas a diferentes situações.

Para estabilização de respostas ao estresse há cinco ferramentas de pronto socorro psicológico: Rastrear, Conectar, Aterrar, Recursar e Mudar de foco, que são utilizadas continuamente para a autorregulação da modulação e controle dos estados reativos dos sistemas somático, endócrino, autonômico e nervoso central (DERRYBERRY; ROTHBART, 1984).

De acordo com Machado (2011), estas cinco ferramentas são: 1. Rastrear: Observar e seguir as mudanças do seu sistema nervoso e o de outra pessoa, construindo a consciência de que o sistema nervoso muda a cada instante e é uma fonte de informação importante; 2. Conectar: Estabelecer conexão com a pessoa para reduzir o isolamento e diminuir o medo, criando segurança e administrando a sobrecarga de estresse; 3. Aterrar: Estabelecer conexão física consigo, com os outros e com o ambiente, ajudando a criar limites que orientam o eu e o trazendo para o aqui agora; 4. Recursar: Qualquer coisa que provoque sentimentos de conexão, suporte, bem estar, competência, confiança e força, ajudando a estabilizar e restaurar o equilíbrio do sistema nervoso; 5. Mudar de foco: mudar a atenção da ativação para o relaxamento, ampliando a consciência, reduzindo o medo e a atenção fixada e administrando a sobrecarga. A mudança de foco vai sempre de uma resposta desregulada para uma mais estabilizada (GERARDI, 2010).

Segundo a *Organización Panamericana de la Salud* (2006), os objetivos dos primeiros socorros psicológicos implicam em ajudar imediatamente as pessoas afetadas para diminuir o impacto emocional de um evento adverso, ajudando a satisfazer as necessidades básicas de sobrevivência, bem como, proporcionar a redução do estresse e da angústia; ajudar os sobreviventes a tomar medidas práticas para resolver problemas urgentes causados pelo desastre; estimular o desenvolvimento de atividades de solidariedade e ajuda mútua; preservar a zona de segurança interpessoal para as vítimas; proporcionar o contato social com a família e amigos, e também ajudar a localizá-los, se necessário.

Compreendendo que qualidade de serviços somente se concretiza por meio de pessoas capacitadas, o projeto de extensão aqui apresentado cumpriu os seguintes objetivos:

Objetivos

- Desenvolver competências profissionais e habilidades sociais de enfrentamento e autoafirmação a situações de risco, autoafirmação na expressão de sentimento positivo, conversação e desenvoltura social, auto exposição a desconhecidos e situações novas, autocontrole da agressividade;
- Proporcionar desenvolvimento de habilidades sociais e compreensão das próprias necessidades e das necessidades do cidadão atendido;
- Proporcionar o desenvolvimento de competências profissionais para administração de situações de conflitos;
- Promover melhoria no autoconhecimento, no relacionamento interpessoal, na motivação profissional e na qualidade de vida;
- Oferecer treinamento de técnicas específicas para enfrentamento e estabilização de níveis de estresse cotidiano;
- Proporcionar melhorias no atendimento de vítimas de emergências e desastres;
- Favorecer a ampliação do autoconhecimento para emissão de respostas mais adequadas as diferentes situações;
- Propiciar melhorias nos serviços oferecidos à comunidade.

Assim, compreende-se que um agente treinado tem a possibilidade de aprender a desenvolver a estabilização de sua própria resposta fisiológica, que contribui para prevenção de estresse traumático secundário e esgotamento ou fadiga, desenvolvendo assim um pré-requisito essencial para o cuidado dos outros. Ou seja, cuidar de si mesmo para poder cuidar dos outros, estando constantemente atento ao seu próprio padrão de respostas somáticas para poder regulá-las.

Aprendendo o autocuidado inicial, um indivíduo pode ajudar aos outros a recuperar um sentimento de segurança e autocontrole em situações de exposição ao stress, facilitando que a pessoa tenha estabilização do sistema nervoso, interrompendo padrões de resposta do sistema nervoso.

A proposta pedagógica deste Projeto de Extensão incluiu a participação de estudantes do Curso de Psicologia para enfrentar/vivenciar situações ativas de socorro/intervenção/auxílio psicológico, por meio do desenvolvimento de habilidades sociais de enfrentamento e autoafirmação a situações de risco, administração de situações de conflitos, ampliação do autoconhecimento, relacionamento interpessoal, técnicas específicas para enfrentamento e estabilização de níveis de estresse cotidiano e melhorias no atendimento de vítimas de emergências e desastres.

No que se refere aos objetivos acadêmicos, este projeto se propôs a contribuir para o desenvolvimento do processo de pesquisa, ensino e aprendizagem, através de ações de parceria entre academia e a sociedade. Proporcionar meios para o aprimoramento de conteúdos teóricos e desenvolvimento prático de habilidades e competências profissionais dos alunos extensionistas envolvidos no projeto. Aprofundar conhecimentos através da aplicação prática de conteúdos teóricos. Ampliar habilidades e competências pessoais e profissionais e proporcionar aos acadêmicos contato com demandas sociais da atualidade.

A proposta pedagógica deste Projeto de Extensão incluiu a capacitação de Psicólogos para enfrentar situações ativas de socorro psicológico às vítimas de emergências e desastres.

Ao oportunizarmos o aumento de saberes corroboramos com as ideias de Delors (2001, p. 91):

> o aumento dos saberes, que permite compreender melhor o ambiente sob os seus diversos aspectos, favorece o despertar da curiosidade intelectual, estimula o sentido crítico e permite compreender o real, mediante a aquisição de autonomia na capacidade de discernir.

A ação docente neste projeto esteve voltada a proporcionar recursos e oportunidades para o aprender, para o aprender a aprender, aprender a fazer, aprender a conviver e o aprender a ser. Assim como para desenvolver competências e habilidades de percepção analítica e sistêmica, do raciocínio hipotético, da solução sistemática de problemas, de modo a assegurar o saber, o saber fazer e o saber ser – condições básicas para a autonomia individual e profissional.

Este projeto vem de encontro às diretrizes do programa do Sistema Integrado de Educação do Fundo Nacional de Segurança Pública – FNSP especialmente no que se refere às áreas temáticas de valorização profissional e promoção de saúde com implantação de programa de prevenção, redução de riscos ocupacionais e de vitimização profissional. Bem como, contempla a área temática de promoção de qualidade de vida através de programa de estabilização e de gerenciamento dos níveis de stress profissional e programa de desenvolvimento pessoal e aprimoramento profissional mediação de conflitos e atendimento a situações de emergências e desastres.

Os fatos acima expostos justificam a relevância deste Projeto de Extensão que contribuiu para aprimoramento de habilidades sociais e competências profissionais de Agentes de Segurança Pública, instrumentalizando-os apara uma melhor discriminação de contingências e para emissão de diferentes respostas a diferentes situações.

Operacionalização do Projeto

Para o desenvolvimento deste projeto de extensão foi utilizada uma metodologia de trabalho padronizado por Bigliardi (2011) e, em todos os grupos atendidos, foram abordadas as mesmas temáticas, utilizadas as mesmas dinâmicas de grupo e aplicadas numa mesma sequência cronológica em cada grupo.

Seleção dos extensionistas

Desde a implantação do projeto houve a participação de 19 estudantes extensionistas graduandos do Curso de Psicologia.

Desenvolvimento das ações

Cada uma das quatro edições deste Programa de Intervenção foi realizada em onze oficinas teórico vivenciais, de duas horas de duração em cada oficina, perfazendo um total de vinte e duas horas de atividades com cada grupo contemplado.

O conteúdo temático de cada oficina foi trabalhado em três etapas:
1) Aquecimento: o tema foi apresentado e discutido teoricamente;
2) Dinâmica: o tema foi desenvolvido através de vivências e dinâmicas de grupo criteriosamente elaboradas para cada tema;
3) Processamento: as experiências foram compartilhadas para construção conjunta da mudança.

Nas oficinas os participantes foram mobilizados e acompanhados em seu processo e encorajados a uma reflexão profunda, sobre seu desempenho cotidiano, enquanto protagonistas de três Papéis: de Cuidador (que oferece cuidados a outrem), de Ser Cuidado (que recebe os cuidados de outrem) e de Cuidar-se (que cuida de si mesmo). Proporcionando que os aspectos vinculares disfuncionais e suas atuações em vários contextos existenciais possam ser repensados. Tendo como premissa "do problema à solução", cada participante foi mobilizado a encontrar soluções criativas para suas dificuldades e para desenvolver a compreensão da importância do aprender a cuidar de si mesmo para poder cuidar das necessidades do outro com mais qualidade. Desta forma, o grupo representou um importante instrumento de construção conjunta do saber.

No projeto pedagógico deste projeto de extensão o conteúdo da aprendizagem, foi visto como insumo e foi trabalhado de forma contextualizada, considerando os conhecimentos, habilidades e valores dos participantes. Proporcionando a mobilização e a articulação desses saberes, de modo que se traduzam em ações relacionadas com o desenvolvimento de habilidades pessoais e competências profissionais, que contribuam com a formação de profissionais mais capacitados para lidar com demandas da atualidade.

Por meio de dinâmicas de grupo criteriosamente elaboradas para cada tema, os participantes foram mobilizados e acompanhados em seu processo. Os participantes foram encorajados a uma reflexão profunda, sobre seu desempenho cotidiano, enquanto protagonistas de três Papéis: de Cuidador (que oferece cuidados a outrem), de Ser Cuidado (que recebe os cuidados de outrem) e de Cuidar-se (que cuida de si mesmo). Proporcionando que os aspectos vinculares disfuncionais e suas atuações em vários contextos existenciais possam ser repensados.

Para estabilização de respostas ao estresse foram oferecidas quatro oficinas teórico-vivenciais onde foram treinadas cinco ferramentas utilizadas continuamente para a autorregulação que, segundo Derryberry e Rothbart (1984), consiste em um processamento de alto nível operacional, da modulação e controle dos estados reativos dos sistemas somático, endócrino, autonômico e nervoso central. São elas: 1) Rastrear: Observar e seguir as mudanças do seu sistema nervoso e o de outra pessoa, construindo a consciência de que o sistema nervoso muda a cada instante e é uma fonte de informação importante; 2) Conectar: Estabelecer conexão com a pessoa para reduzir o isolamento e diminuir o medo, criando segurança e administrando a sobrecarga de estresse; 3) Aterrar: Estabelecer conexão física consigo, com os outros e com o ambiente, ajudando a criar limites que orientam o eu e o trazendo para o aqui agora; 4) Recursar: Qualquer coisa que provoque sentimentos de conexão, suporte, bem estar, competência, confiança e força, ajudando a estabilizar e restaurar o equilíbrio do sistema nervoso; 5) Mudar de foco: mudar a atenção da ativação para o relaxamento, ampliando a consciência, reduzindo o medo e a atenção fixada e administrando a sobrecarga. A mudança de foco vai sempre de uma resposta desregulada para uma mais estabilizada (MACHADO, 2011).

As técnicas de estabilização de estresse trabalhadas neste programa são baseadas em conhecimento científico emergente sobre as respostas fisiológicas ao trauma e as intervenções efetivas no rescaldo dos acontecimentos traumáticos. O manuseio destas técnicas possibilita reconhecer e trabalhar com sintomas de excitação fisiológicos de estresse agudo e trauma nos ramos autonômicos e somáticos do sistema nervoso periférico.

Para o aprimoramento de Habilidades Sociais e Competências Profissionais foram realizadas sete oficinas temáticas teórico vivenciais, em que foram trabalhados temas para:

1) Construção do Cuidar e da Cooperação, objetivando refletir sobre importância de cuidar de si como condição para cuidar do outro e a importância do trabalho em equipe;
2) Necessidade de Lugar, objetivando aprimorar o senso de identidade individual, para promover o autoconhecimento e a discriminação das próprias potencialidades, dificuldades e padrão de comportamento;
3) Identidade Grupal, objetivando promover a identidade grupal e discutir o que significa fazer parte de um grupo e discutir como preservar a individualidade/identidade quando se faz parte de um grupo sinérgico;
4) Necessidade de Nutrição para proporcionar compreensão e aprimoramento da habilidade de estabelecer relacionamentos satisfatórios para preenchimento das necessidades afetivas;
5) Necessidade de Suporte, para promover o aprimoramento de habilidades que contribuem para o sentimento de segurança e autonomia pessoal;
6) Necessidade de Proteção para oportunizar a maximização da habilidade de proteger-se de riscos desnecessários durante a prática profissional e vida diária;
7) Necessidade de Limites, para o aprimoramento da percepção dos próprios limites, da capacidade empática e de respeito aos direitos dos outros.

Monitoramento e avaliação

Ao término das atividades cada participante das equipes contempladas respondeu a um questionário de avaliação do conteúdo, da metodologia utilizada, com descrição de situações práticas em que o conteúdo trabalhado foi aplicado em sua vida pessoal e profissional para obtenção de dados de resultados qualitativos atingidos com este programa.

Resultados e impactos alcançados

Este projeto é realizado semestralmente e já foi realizado em quatro edições, perfazendo um total de 71 Agentes de Segurança Pública e 19 alunos extensionistas graduandos do Curso de Psicologia.

O Projeto Piloto do Programa de Intervenção, realizado através deste Projeto de Extensão, foi implantado no início de 2018 junto a 20 integrantes de uma equipe de Agentes de Segurança Pública e contou com a participação de cinco extensionistas. A segunda edição foi realizada no segundo semestre de 2018 e contemplou a participação de 18 Agentes de Segurança Pública e três extensionistas. A terceira edição foi realizada no primeiro semestre de 2019 e contemplou a participação de nove Agentes de Segurança Pública e cinco alunos extensionistas. A quarta edição ocorreu no segundo semestre de 2019 e contou com a participação de 24 Agentes de Segurança e seis alunos da Graduação em Psicologia. Devido ao isolamento social ocorrido em decorrência da pandemia da covid-19, as atividades previstas para 2020 foram temporariamente suspensas.

Considerações finais

Durante a aplicação das atividades pode-se constatar grande engajamento dos participantes e dos extensionistas deste projeto que se refletiu na adesão, assiduidade, participação ativa e feedbacks positivos dados a cada encontro. Constatou-se ainda que este projeto oportunizou a todos um contexto de aprimoramento de relações interpessoais e estreitamento de lações de parceria entre pares, que poderá refletir em uma maior sinergia para a realização de suas atividades profissionais.

Por intermédio de avaliação realizada e depoimentos dados pelos participantes, constatou-se que este projeto de extensão contribuiu para proporcionar meios para o desenvolvimento, maximização e otimização de habilidades sociais, competências profissionais e gerenciamento do estresse inerente a prática profissional, contribuindo para redução de riscos ocupacionais e riscos de vitimização profissional, promovendo melhora na qualidade de vida e otimização dos serviços oferecidos à comunidade, atingindo os objetivos a que se propôs.

Cumprindo ainda o importante papel de fomentar, entre graduandos do Curso de Psicologia que participaram deste projeto, o aprendizado teórico-prático, o interesse pela pesquisa, o desenvolvimento de habilidades e competências para o atendimento de demandas emergentes da atualidade e o senso de responsabilidade de oferecer no exercício da profissão, ações efetivas para a solução de problemas comunitários.

REFERÊNCIAS

BIGLIARDI A. M. (org.). **Necessidades Humanas Básicas. Material didático expositivo**. Curitiba-PR, 2011.

BOTSARIS, A. **O Complexo de Atlas. E outras síndromes do estresse contemporâneo**. Rio de Janeiro-RJ: Objetiva, 2003.

CABALLO, V. E. **Manual de avaliação e treinamento em habilidades sociais**. São Paulo: Livraria Santos Editora, 2006.

CANÊO, L. C.; SANTOS, L. H. Z. Treinamento de Habilidades Sociais. *In:* GOULART JÚNIOR, E.; CANÊO, L. C.; LUNARDELLI, M. C. F. (org.). **Experiências em gestão de pessoas nas organizações de trabalho**. Bauru: Joarte, 2010. p. 77-87.

CUNHA, L. F.; CONCEIÇÃO, F. C. Habilidades sociais em militares de um esquadrão de helicópteros da Marinha do Brasil. **R. Conexão**, Sipaer, v. 4, n. 2, p. 69-77, 2013.

DEL PRETTE, A. **Psicologia das relações interpessoais**: vivências para o trabalho em grupo. Petrópolis: Editora Vozes, 2008.

DEL PRETTE, A.; DEL PRETTE, Z. A. P. Enfoques e modelos do treinamento de habilidades sociais. *In:* DEL PRETTE, A.; DEL PRETTE, Z. A. P. (ed.). **Habilidades sociais**: Intervenções efetivas em grupo. São Paulo: Casa do Psicólogo, 2011. p. 19-56.

DEL PRETTE, A.; DEL PRETTE, Z. A. P. No contexto da travessia para o ambiente de trabalho: treinamento de habilidades sociais com universitários. **Estudo de Psicologia**, v. 8, n. 3, p. 413-420, 2003.

DEL PRETTE, A.; DEL PRETTE, Z. Relações interpessoais e habilidades sociais no âmbito do trabalho e das organizações. [S.l.], dez. 2006. Disponível em: www.rihs.ufscar.br. Texto on-line

DEL PRETTE, Z. A. P.; DEL PRETTE, A. **A Psicologia das habilidades sociais na infância**. Petrópolis: Vozes, 2006.

DEL PRETTE, Z. A. P.; DEL PRETTE, A. **Psicologia das habilidades sociais**: terapia e educação. Petrópolis: Vozes, 1999.

DEL PRETTE, Z. A. P.; DEL PRETTE, A. **Psicologia das relações interpessoais**: vivências para o trabalho em grupo. Petrópolis: Vozes, 2001b.

DELORS, J. Educação. **Um tesouro a descobrir**. Relatório para a Unesco da Comissão Internacional sobre a educação para o século XXI. 6. ed. São Paulo: Cortez; Brasília: MEC, 2001.

DERRYBERRY, D.; ROTHBART, M. K. Emotion, attention, and temperament'. *In:* IZARD, C. E.; KAGAN, J.; ZAJONC, R. B. (ed.). **Emotions, Cognition, and Behavior**. Cambridge: Cambridge University Press, 1984. p. 132-166.

DSM, V. **Manual diagnóstico e estatístico de transtornos mentais**. American Psychiatric Association. Tradução Maria Inês Corrêa Nascimento *et al*. Revisão técnica Aristides Volpato Cordioli *et al*. 5. ed. Porto Alegre: Artmed, 2014. Dados eletrônicos.

GERARDI, M. B. *et al*. Trauma Fist Aide: Treating Physiologic Symptoms Induced by Trauma. **The American Journal for Nurse Practitioners**, v. 14, n. 9-10, p. 44-53, 2010.

GUERREIRO, D.; BRITO B.; BAPTISTA J. L.; GALVÃO F. Stresse *Pós-Traumático: Os mecanismos do trauma*. **Acta Med Port.**, Lisboa v. 20, p. 347-354, 2007.

KNAPP, P.; CAMINHA, R. M. Terapia Cognitiva do Transtorno de Estresse Pós-traumático. **Rev. Bras. Psiquiatria**, Porto Alegre, 2003.

LIPP, M. E. N. Estresse emocional: a contribuição de estressores internos e externos. **Rev. Psiq. Clín.**, São Paulo, v. 28, n. 6, p. 347-349, 2007.

LIPP, M. E. N. (org.). **O stress no Brasil, pesquisas avançadas**. Campinas-SP: Papirus, 2004.

LIPP, M. E. N. **Mecanismos Neuropsicofisiológicos de Stress**: Teoria e aplicações clínicas. São Paulo: Casa do Psicólogo Livraria e Editora LTDA, 2003.

LIPP, M. E. N. **O Stress Está Dentro de Você**. 7. ed. São Paulo: Contexto, 2007.

MACHADO S. L. T. (org.). **TFA – Primeiros Socorros Psicológicos**. Curitiba-PR: Fepar, 2011. Material didático expositivo.

MAYER, J. D.; SALOVEY, P. What is emotional intelligence? *In:* SALOVEY, P.; SLUYTER D. J. (org.). **Emotional development and emotional intelligence**: Implications for Educators. New York: Basic Books, 1997. p. 3-31.

ORGANIZACIÓN PANAMERICANA DE LA SALUD. **Guía práctica de salud mental en situaciones de desastres**. Washington, D.C.: OPS, 2006. Serie Manuales y Guías sobre Desastres.

PELLEGRINI, C. F. S.; CALAIS, S. L.; SALGADO, M. H. Habilidades sociais e administração de tempo no manejo do estresse. **Arquivos Brasileiros de Psicologia**, v. 64, n. 3, p. 110-129, 2012.

PRIETO, M. A. S. **A influência do treino de controle do stress nas relações interpessoais no trabalho**. 2010. Tese (Doutorado) – Pontifícia Universidade Católica de Campinas, Campinas-SP, 2010.

RANGÉ, B. **Psicoterapias Cognitivo-Comportamentais**. São Paulo: Artmed, 2001.

VIEIRA, R. M.; GAUER, G. J. C. Transtorno de estresse pós-traumático e transtorno de humor bipolar. **Rev. Bras. Psiquiatr.**, São Paulo, v. 25 supl. 1, 2003.

PROJETO DE EXTENSÃO REALEZA DA ALEGRIA

Gislayne Castro e Souza de Nieto
Luiza Tatiana Forte
Bruna Frigo Bobato
Caroline D'Hanens
Gabriel Cunha Alves
Isabela Akemi Guirao Sumida
Letícia Emanoelli Penazzo Machado
Lucas Palma Nunes
Lucas Zantut
Valéria Carolina Armas Villegas

Introdução

Foi em 2017, que um grupo de estudantes nos procurou para iniciarmos um projeto onde o foco no atendimento integral do paciente iria se iniciar. A designação do projeto não poderia ser mais significativa: Realeza da Alegria.

Segundo o dicionário Aurélio da Língua Portuguesa, realeza: significa a dignidade real e alegria, estado de contentamento, acontecimento agradável.

Esta definição afirmou a equipe do projeto a possibilidade de transformar a hospitalização ou institucionalização em uma experiência menos dolorosa e mais suportável.

A partir desta reflexão, o que parecia utópico, começou a tomar forma, levar alegria e contentamento de forma real e integral aos pacientes que sofrem de alguma dor ou sofrimento provocados por uma doença física parecia uma boa alternativa de trabalho no campo hospital e/ou instituição.

Na área de saúde é cada vez mais importante a união dos aspectos biopsico-socioculturais e espirituais como parte da formação acadêmica. Analisar um paciente enfermo apenas como uma máquina bioquímica com a homeostase desregulada é reducionista e retrógrada. Um ser humano é constituído de corpo, de mente e alma, sendo que a mente, age como um alicerce para manter a estrutura corpórea saudável. Se pudermos encorajar os discentes a conhecer maneiras de atuar em sua vida profissional futura conhecendo as necessidades para além do corpo físico estaremos no caminho certo.

O objetivo geral do projeto é ofertar a pacientes em situações adversas uma tentativa de alívio para sua sintomatologia e internação hospitalar por meio da caracterização de estudantes dos cursos da área de saúde das Faculdades Pequeno Príncipe, como palhaços.

Os objetivos específicos são: realizar ações lúdicas com o intuito de proporcionar aos pacientes momentos de interação e amenizar a realidade da doença e do isolamento; proporcionar aos acadêmicos, uma experiência de contato com a dinâmica integral que envolve o processo do adoecer no ciclo vital; disseminar a formação de medicina, psicologia, biomedicina, farmácia e enfermagem baseada no paciente holístico, com o intuito de propagar os benefícios de uma formação acadêmica eficiente e humanizada e expandir o conhecimento e experiência para além das fronteiras das Faculdades Pequeno Príncipe.

A missão do projeto Realeza da Alegria é conceder a pacientes em situações adversas uma tentativa de alívio para sua sintomatologia e situação hospitalar através da caracterização de estudantes dos cursos da área de saúde como palhaços.

De onde vem os palhaços? Na revisão de literatura realizada por SATO *et al.*, (2016, p. 127,) os autores referem que:

> O palhaço, como conhecemos hoje nas culturas ocidentais, tem a sua origem nos circos europeus do século XVIII, onde tradicionalmente eram apresentados números de habilidades corporais nas quais o risco de vida era iminente. A plateia destes espetáculos circenses era submetida, portanto, a situações capazes de produzir grande tensão. Com o objetivo de quebrar esta tensão, nos intervalos dos números, eram inseridas as reprises e entradas clownescas.

Apesar da presença de palhaços em hospitais ter sido relatada pela primeira vez em Londres no início do século passado, sua efetiva inserção ocorreu nas décadas de 70 e 80, com destaque para os trabalhos de Patch Adams e Michael Christensen. O filme Patch Adams, estrelado por Robin Wilians, retrata o principal alicerce do convívio hospitalar: o amor é contagioso. A alegoria do palhaço é utilizada como forma de favorecer o ambiente lúdico e desvincular a imagem insensível e austera de muitos médicos e enfermeiros. A ideia de desassociar a figura do médico tradicional possui explicação até mesmo psicológica: muitas pessoas relacionam a fácie médica e seu semblante, como o de alguém frio, sem sentimentos, inabalável até mesmo em situações trágicas como a morte ou uma doença com quadro grave.

O palhaço em sua intervenção é capaz de modificar o ambiente hospitalar. Ao encenar, o palhaço pode alterar a lógica com a intervenção lúdica, alterando assim o desprazer do adoecer em um momento de prazer (SATO *et al.*, 2016)

Os estudos de Kingsnorth *et al.* (2011), de Bertini *et al.* (2011), de Saliba *et al.* (2016) *apud* Catapan *et al.* (2019) destacam resultados positivos da interação dos palhaços como efeito indutor de saúde (BERTINI *et al.*, *apud* CATAPAN *et al.*, 2019), diminuição do estresse e melhora do humor nos pacientes que receberam as intervenções lúdicas.

É no cenário hospitalar que se encontra a inserção de acadêmicos do projeto, Realeza da Alegria com o intuito de facilitar, já no início da faculdade, uma relação médico-paciente alto astral, ou relação profissional de saúde-paciente, por meio da risada, da alegria e das brincadeiras, levando àqueles que se encontram enfermos ou em condições desfavoráveis, um alívio para seus medos, angústias, ansiedades, permitindo melhora em sua psique e facilitando melhores resultados terapêuticos.

Para tanto, o projeto de Extensão Realeza da Alegria vem com o intuito de representar as Faculdades Pequeno Príncipe nesse cenário de humanização da área de saúde, com a capacitação adequada dos alunos com profissionais experientes, com a realização de horas de treinamento necessárias para a prática eficaz e adequada no ambiente hospitalar.

A escolha desse projeto vem de encontro à necessidade de promoção da humanização dos profissionais da saúde, por parte dos acadêmicos, e a oportunidade de conhecer histórias, reconhecer semblantes, observar sorrisos, que irão ficar na memória, as quais no futuro poderão ser evocadas, contribuindo para a formação acadêmica. Ademais, permitirão aos membros e participantes, uma satisfação pessoal e profissional, ao proporcionar vivências vitais não somente para a formação profissional, mas humana.

Operacionalização do projeto

O projeto iniciou com o preparo dos membros fundadores em um curso de capacitação com palhaços profissionais, para adquirir a carga horária e os conhecimentos iniciais necessários para o desenvolvimento desta prática no ambiente hospitalar.

Em seguida, foi realizado um processo seletivo com os interessados em participar do projeto por meio da realização de palestras sobre o tema da humanização nos cursos da saúde. Os interessados realizaram também um vídeo e uma entrevista que foram avaliados para a entrada no projeto, conforme edital lançado pelas Faculdades Pequeno Príncipe.

Os estudantes selecionados participaram da mesma capacitação que os membros fundadores e assim estavam aptos a realizar as atividades no ambiente hospitalar, juntamente com dois monitores membros fundadores do projeto. Todos os participantes do projeto passaram também pelas etapas de preparação que envolveram além do curso de capacitação com palhaços profissionais as palestras sobre humanização.

As atividades do projeto Realeza da Alegria não foram restritas a hospitais e englobaram outros locais como casas de repouso e lares de crianças.

Os locais de prática foram definidos conforme a apresentação da solicitação para a realização de atividades, e aprovação por meio do conselho das instituições. A ideia foi levar o projeto para diferentes instituições e diferentes faixas etárias.

Os selecionados para participar do projeto, deveriam ter os elementos do vestuário, como roupa e nariz de palhaço, maquiagem e tênis.

Algumas orientações são frequentemente reforçadas junto a equipe do Realeza da Alegria, para que o comportamento ético seja sempre adequado: não tirar fotos, com ou sem consentimento do paciente, do hospital ou do lar, usar sempre o nome do palhaço preservando sua identidade, estar caracterizado por completo antes de iniciar a atividade, respeitar todas as normas e orientações dos locais onde a atividade está sendo realizada, não fazer comentários sobre o local da atividade e sempre oferecer a atividade aos participantes nunca impondo a mesma.

Todas as atividades são coordenadas por duas docentes, Prof.ª Dr.ª Gislayne Castro Souza de Nieto, e Prof.ª Me. Luiza Tatiana Forte com apoio da Prof.ª Dr.ª Ivete Palmira Sanson Zagonel.

Os acadêmicos que participam do projeto são acompanhados bimensalmente por uma psicóloga, com vasta experiência na área da saúde, durante as atividades a fim de dar suporte emocional, garantir a adequação das atividades tanto para os acadêmicos participantes, como para os pacientes e realizar o feedback acerca das atividades realizadas. Os encontros trabalham ainda o conceito de pertença a equipe de palhaços, corresponsabilidade, limites e criatividade.

As atividades realizadas nas instituições são previamente organizadas e sempre são preparadas diversas atividades, pois são ofertadas a grupos muito heterogêneos. Dentre as atividades podemos citar: música, pequenas encenações, diálogos da realidade que se apresenta, poesia, dança entre outras.

O agendamento das atividades é realizado previamente com as instituições assim como a definição de que palhaços irão participar.

Todos os estudantes precisam ter pelo menos 75% de presença nas atividades do projeto. O não cumprimento dessa frequência implica no desligamento do participante do projeto.

Resultados e impactos alcançados

O Projeto de Extensão possibilitou a integração dos acadêmicos, proporcionar aos pacientes melhora em sua saúde mental e um alívio a sua condição hospitalar, por meio de ações lúdicas.

A aquisição de conhecimento acerca dos ambientes, hospitalar, casas de repouso, casas de apoio, orfanatos, creches, entre outros, sobre a perspectiva do profissional de saúde e do paciente, integrando conceitos de humanização aprendidos no curso com a prática clínica foi extremamente benéfico para a formação integral dos acadêmicos de medicina e profissionais da saúde envolvidos no projeto.

A divulgação do nome das Faculdades Pequeno Príncipe em vários locais, e representação ética por parte dos membros ao nível da magnitude, grandeza e história das Faculdades Pequeno Príncipe e de todo complexo foi também parte importante neste processo.

Considerações finais

Muito se fala na atualidade em tratamento global e humanizado do paciente hospitalizado, quer seja com doenças agudas, mas também dos pacientes pediátricos ou geriátricos, com patologias crônicas, que por vezes perdem esperanças e forças.

Apesar da busca nas alternativas de mudanças de comportamento na relação médico paciente, pouco se investe na formação curricular médica e de profissionais de saúde na reflexão do conhecimento das necessidades globais do paciente. Muito se conhece e investe no alívio dor física, mas o cuidado de dores emocionais e psicossociais pode ser relegado à segundo plano.

Acreditamos que o projeto Realeza da Alegria proporcionou aos participantes, momentos importantes de reflexão, autoconhecimento e aprendizado sobre o cuidado global do paciente e maneiras de fortalecimento do vínculo entre médico, paciente e equipe. A máxima, "Rir é o melhor remédio" parece ter sido verdadeira nos pacientes, crianças e idosos atendidos pelo projeto.

REFERÊNCIAS

ADAMS H. **Patch Adams**: O amor é contagioso. Rio de Janeiro: Sextante; 1999. http://www.doutoresdaalegria.org.br/internas.asp?secao=osdoutores_quem. Acesso em: 23 de setembro de 2020.

AMICI P. The Humor in Therapy: the Healing Power of Laughter. **Psychiatr Danub**. v. 31, sup. 3, p. 503-508, 2019.

CATAPAN S. C.; OLIVEIRA, W. F.; ROTTA, T. M. Palhaçoterapia em ambiente hospitalar: uma revisão de literatura [Clown therapy in the hospital setting: A review of the literature]. **Cien Saúde Colet.**, v. 24, n. 9, p. 3417-3429, 2019. Doi:10.1590/1413-81232018249.22832017

LOW. L.; F.; BRODATY, H.; GOODENOUGH, B. *et al.* The Sydney Multisite Intervention of LaughterBosses and Elder Clowns (SMILE) study: cluster randomised trial of humour therapy in nursing homes. **BMJ Open**. v. 3, e002072, p. 1-8, 2013. http://dx.doi.org/10.1136/bmjopen-2012-002072

NOGUEIRA W. **Doutores da Alegria**: O lado invisível da vida. [*S. l.*]: Mamo, 2006. n 2013;3:e002072. DOI:10.1136/bmjopen-2012-002072

OMS. Organización Mundial de la Salud. Conferência Sanitaria Internacional. 2006. Disponible en: http://www.who.int/governance/eb/who_constitution_sp.pdf. Acesso em: 8 de set. de 2020

RUIZ GOMEZ, M. Carmen *et al.* Terapias complementarias en los cuidados: Humor y risoterapia. **Index Enferm, Granada**, v. 14, n. 48-49, p. 37-41, 2005. Disponible en http://scielo.isciii.es/scielo.php?script=sci_arttext&pid=S1132-12962005000100008&lng=es&nrm=iso. Acesso em: 8 set. de 2020.

SATO, M.; RAMOS, A.; SILVA, C. C.; GAMEIRO, G. R.; SCATENA, C. M. C. Clowns: a review about using this mask in the hospital environment. **Interface** (Botucatu), v. 20, n. 56, p. 123-34, 2016.

VILLAN GAONA, Jorge Luciano; GAONA ORDONEZ, Cielo Esperanza; CARRERO GUTIERREZ, Zuli Adriana. Risoterapia: Uma terapia complementaria a La medicina occidental. **Rev. Fac. Med.**, Bogotá, v. 26, n. 2, p. 36-43, Dec. 2018. Disponível em: http://www.scielo.org.co/scielo.

php?script=sci_arttext&pid=S012152562018000200036&lng=en&nrm=iso. Acesso em: 8 set. 2020

WIKIPEDIA. **Doutores da alegria**. Disponível em: http://pt.wikipedia.org/wiki/Doutores_da_Alegria. Acesso em: 15 de set. de 2020.

WOODBURY-FARIÑA, M. A.; ANTONGIORGI, J. L. Humor. **Psychiatr Clin North Am**. v. 37, n. 4, p. 561-78, 2014. Disponível em: https://doi.org/10.1016/j.psc.2014.08.006.

CENTRO DE INFORMAÇÃO SOBRE MEDICAMENTOS: uma iniciativa inovadora para colaboradores da instituição

Francelise Bridi Cavassin
Graziele Francine Franco Mancarz
Isadora Regina Dallazuana
Laura Alexandra Caixeta Maciel
Robson Camilotti Slompo

Introdução

O Centro de Informação sobre Medicamentos (CIM) é o mais novo projeto de extensão das Faculdades Pequeno Príncipe (FPP), com início em 2019 e em atual desenvolvimento, e visa sanar dúvidas sobre medicamentos e correlatos através de formulários padronizados, bem como disponibilizar conteúdos informativos no formato de uma biblioteca digital, ambos no portal virtual da instituição. O papel do CIM para a comunidade institucional está relacionado à sua posição como forte instrumento de apoio para promoção e desenvolvimento da saúde e às práticas seguras e racionais relacionados ao uso de medicamentos.

Para a Organização Mundial da Saúde (OMS) há uso racional quando: "Os pacientes recebem medicamentos adequados às suas necessidades clínicas, em doses que atendem às suas necessidades individuais, por um período adequado e com o menor custo para eles e sua comunidade" (OMS, 1985).

Em todo o mundo, mais de 50% dos medicamentos são prescritos, dispensados ou vendidos de forma inadequada, enquanto metade dos pacientes não os tomam corretamente, sendo essencial que a população receba informações adequadas (OMS, 2002). Tais informações devem ser imparciais, bem referenciadas e avaliadas criticamente sobre qualquer aspecto da prática farmacêutica (MALONE, KIER, STANOVICH, 2014).

O Brasil, atendendo a recomendação da OMS, estabeleceu, através do Ministério da Saúde, a Política Nacional de Medicamentos, aprovada pela portaria 3.916, de 30 de outubro de 1998 (BRASIL, 1999). Tal documento estabelece diferentes prioridades relacionadas à informação de medicamentos, sendo possível destacar a revisão permanente do RENAME – Relação Nacional de Medicamentos Essenciais e a promoção do uso racional de medicamentos

(BRASIL, 1999). Centros de informação sobre medicamentos e boletins sobre uso racional são formas úteis de divulgar essas informações.

Os CIM surgiram da necessidade de alinhar a grande quantidade de dados disponíveis sobre medicamentos com a aplicação desse conhecimento na prática clínica, com o melhor custo-benefício para a sociedade. Quem coordena o CIM deve ser um profissional de saúde capacitado, independente de influências externas (para contrabalançar as informações divulgadas pela indústria farmacêutica) e valer-se da medicina baseada em evidências para todas as recomendações feitas (LAING, HOGERZEIL, ROSS-DEGNAN, 2001; AMUNDSTUEN, SPIGSET, SCHJØTT, 2016).

Mas afinal, o que faz um CIM? Uma das funções fundamentais dos CIM é receber e atender perguntas relacionadas a profissionais de saúde, ou seja, fornecer informações em resposta à pergunta de um solicitante (VIDOTTI et al., 2000). O primeiro CIM foi formado no Centro Médico da Universidade de Kentucky, em 1962, nos Estados Unidos. Seu principal objetivo foi o de promover o uso racional de medicamentos, fornecendo sempre informações objetivas, imparciais e de forma ágil, para a garantia da aplicabilidade na situação clínica do paciente. Tal experiência difundiu-se pelo mundo e o profissional que se apresenta no centro deste projeto é o farmacêutico (SILVA, 2002).

Dentre as atividades que cabe ao CIM, além de responder perguntas relacionadas ao uso de medicamentos, pode-se incluir: participar, de forma efetiva, de comissões; publicar material educativo/informativo; promover educação continuada; revisar e realizar atividades de pesquisa sobre o uso de medicamentos e até mesmo coordenar programas de farmacovigilância. Fato é que não existe CIM sem a primeira atividade, a de responder perguntas. Esta deve representar a maior parte dos trabalhos prestados pelos centros. Tais informações podem ser passivas ou ativas. A informação passiva ou reativa, é aquela oferecida em resposta à pergunta de um solicitante. Ou seja, desencadear a comunicação é iniciativa do solicitante. A informação ativa ou proativa é aquela em que a iniciativa da comunicação é do farmacêutico informador, que encontra uma via de comunicação para suprir as necessidades do público atendido (profissionais de saúde) (VIDOTTI et al., 2000).

O Centro Brasileiro de Informação sobre Medicamentos do Conselho Federal de Farmácia (CEBRIM/CFF) foi instituído por meio da Resolução CFF nº 285, de 22 de março de 1996, e oferece o serviço de informações sobre medicamentos, fundamentadas nas melhores evidências científicas, como suporte aos profissionais da saúde no Brasil, visando à promoção de práticas terapêuticas seguras, eficazes e de melhor custo-benefício para a sociedade (MANZINI et al., 2015). Até o ano de 2016, o Brasil contava com 22 centros de informação sobre medicamentos distribuídos em onze estados mais o Distrito Federal. Atualmente, no estado do Paraná, o CIM em atividade que se tem registro é o do Conselho Regional de Farmácia (CIM-CRF/PR).

O Centro de Informação sobre Medicamentos das Faculdades Pequeno Príncipe (CIM-FPP)

Adaptado às necessidades institucionais e ao projeto de extensão em si, no CIM-FPP as dúvidas advêm dos colaboradores da instituição e as informações passivas fornecidas pelo serviço são realizadas por estudantes do curso de graduação em farmácia, amparados por professores farmacêuticos com experiência profissional na área.

Nas etapas iniciais de implantação, diversas reuniões e encontros envolvendo as docentes responsáveis, o coordenador do curso de farmácia, a diretora acadêmica, e os farmacêuticos inseridos no CIM-CRF/PR foram essenciais para traçar as metas de aplicação do projeto.

A seleção dos extensionistas ocorre através de um edital de seleção, publicado no portal virtual da instituição e divulgado nas salas de aula. Os requisitos para entrar no projeto são: ser acadêmico (a) do curso de graduação em Farmácia, a partir do 4º período, uma vez que a disciplina de Farmacologia inicia no 3º período na matriz curricular do curso de Farmácia da FPP, e com disponibilidade no período da manhã. Atualmente, são ofertadas duas vagas anuais.

A escolha dos extensionistas é realizada mediante uma entrevista, onde os estudantes inscritos no processo seletivo devem apresentar seu currículo *lattes* atualizado. Assim, é possível conhecer um pouco mais sobre o percurso acadêmico de cada candidato, principalmente, a fluência em inglês, extremamente necessária para o projeto, pois várias referências bases que são utilizadas encontram-se na língua inglesa.

No total, três estudantes participaram da primeira fase de implantação do projeto e outros três na etapa de conclusão. Para isso, uma capacitação prévia dos extensionistas foi realizada através de encontros preparatórios. Foram abordados temas como a importância do CIM, seu funcionamento, o processo de atendimento às solicitações, o uso e o desenvolvimento de materiais informativos, entre outros. Na última seleção, que ocorreu no mês de agosto de 2020, dois novos estudantes foram recrutados para mais um ano letivo de atividades.

Uma visita ao CIM do Conselho Regional de Farmácia foi realizada com os selecionados para a primeira fase do projeto, para que os estudantes experimentassem na prática o serviço ofertado. Na presença de profissionais altamente capacitados, os acadêmicos puderam tirar suas dúvidas em relação às atividades desenvolvidas, quais referências bibliográficas deveriam consultar para realizar a confecção de materiais informativos e/ou respostas às solicitações e outras curiosidades sobre a atuação do farmacêutico nesse âmbito profissional.

A dinâmica do projeto está representada na Figura 1. Nas 4h de dedicação semanais, os extensionistas dividem seu tempo entre consultas ao formulário, pesquisa de literatura, discussão dos casos em grupo (incluindo o docente responsável), elaboração das respostas e reenvio ao colaborador. Além disso, a cada solicitação realizada, os estudantes criam uma ficha técnica para posterior consulta caso seja necessário responder nova questão sobre determinado medicamento.

Como uma das vertentes do projeto é a educação em saúde, caso seja identificado um potencial tema de interesse para ser abordado sobre saúde ou sobre o uso racional daquele medicamento ou classe de medicamento, uma versão simplificada no formato de boletim informativo é criada e disponibilizada no portal virtual da instituição.

Figura 1 – Dinâmica de atendimento às solicitações do CIM-FPP

Fonte: Os autores (2020).

A partir disso, tem-se que uma das principais metodologias que se aplicam ao CIM é o Arco de Maguerez. Tal método permite estabelecer momentos de estudo através da problematização da realidade e a troca de experiências entre docentes e estudantes que enriquece o conhecimento e ainda beneficia um terceiro, com a resolução do caso (aqui entende-se como solicitação atendida).

Nos estágios iniciais do desenvolvimento do projeto, como ainda não eram recebidas solicitações, as fichas técnicas foram elaboradas de acordo com uma previsão da demanda. Atualmente, com a criação do formulário (Figura 2) e sua disponibilização no ambiente virtual da instituição, a produção dessas fichas ocorre mediante as exigências das solicitações. Todo o material produzido fica arquivado para futuras consultas caso novas dúvidas surjam sobre o mesmo medicamento. Além disso, foram criadas bulas informativas redigidas em linguagem acessível, que posteriormente foram adaptadas para boletins informativos. Estes conteúdos são periodicamente elaborados e disponibilizados no portal institucional, onde o usuário pode acessar o tema de interesse e obter informações relevantes sobre saúde e uso racional de medicamentos.

Figura 2 – Formulário disponível para acesso exclusivo dos colaboradores

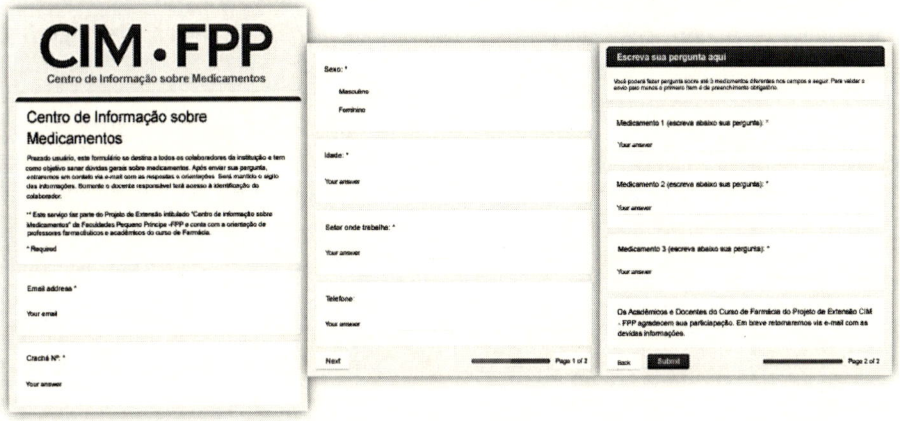

Fonte: Os autores (2020).

Produção acadêmica

Conforme descrito, semanalmente os acadêmicos extensionistas verificam se há entrada de novos formulários direcionados ao CIM. Ao identificar as questões, buscam na literatura informações independentes sobre o tema e elaboram a primeira versão de resposta. Nos encontros com o docente farmacêutico responsável, as respostas são discutidas em grupo, dúvidas por parte dos estudantes são esclarecidas e depois alinhadas na melhor linguagem para serem retornadas aos colaboradores.

A partir dessa dinâmica semanal uma série de materiais são produzidos, além das respostas finais retornadas diretamente para o e-mail dos colaboradores. A figura 3 traz exemplos dessas produções. Até o momento já foram abordadas diferentes classes medicamentosas como anti-inflamatórios esteroidais, antidepressivos, antipsicóticos e até mesmo fitoterápicos, com variadas dúvidas sobre eles, que abordam desde efeitos colaterais – como ganho de peso e insônia, por exemplo, até questões mais complexas como uso a longo prazo e preocupações com dependência, entre outros.

Figura 3 – Exemplos de materiais técnico-científicos produzidos pelos acadêmicos extensionistas

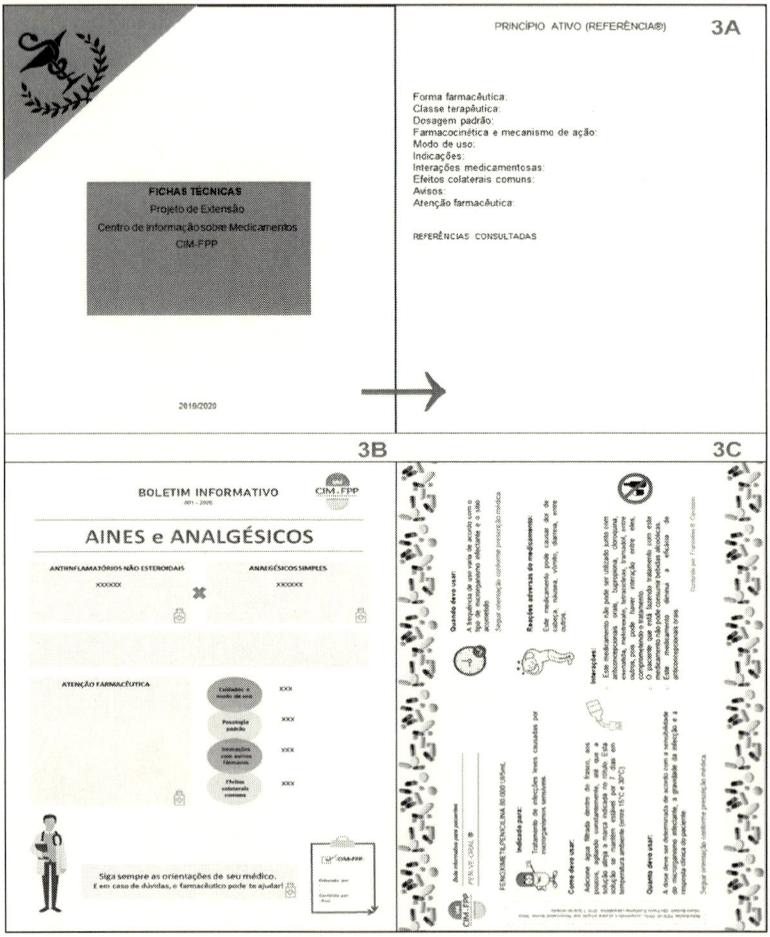

Legenda: 3A – ficha técnica; 3B – boletim informativo; 3C – bula informativa
Fonte: Os autores (2020).

Resultados e impactos alcançados

O projeto de extensão CIM-FPP permite que os acadêmicos extensionistas do curso de farmácia das Faculdades Pequeno Príncipe:

- ✓ adquiram maior conhecimento através da consulta e preparo de materiais técnico-científicos;
- ✓ interajam, mesmo que não presencialmente, com as dúvidas dos colaboradores, estando muito próximos da realidade profissional;
- ✓ promovam o uso racional de medicamentos e a educação em saúde dentre a comunidade local.

Por outro lado, permite que os colaboradores e a comunidade institucional:

- ✓ recebam informações independentes e conteúdo de qualidade;
- ✓ tenham acesso a uma ferramenta efetiva de comunicação sobre saúde dentro da própria instituição;
- ✓ esclareçam suas dúvidas em relação à medicamentos de forma simples e efetiva.

Considerações finais

A implantação do projeto de extensão CIM dentro das Faculdades Pequeno Príncipe é um marco importante para o curso de Farmácia visto que os acadêmicos extensionistas têm a oportunidade de se aproximar da realidade profissional, adquirir conhecimento acerca da produção de materiais técnico-científicos, além de encontrar um ambiente propício para a interação com outros estudantes, docentes e colaboradores tornando possível debater assuntos sobre promoção da saúde e uso racional de medicamentos.

REFERÊNCIAS

AMUNDSTUEN, Reppe L.; SPIGSET, O.; SCHJØTT, J. Drug information services today: current role and future perspectives in rational drug therapy. **Clin Ther**, v. 38, p. 414-421, 2016.

LAING. R.; HOGERZEIL, H. V.; ROSS-DEGNAN, D. Ten Recommendations to Improve the Use of Medicines in Developing Countries. **Health Policy and Planning**, v. 16, n. 1, p. 13-20, 2001.

MALONE, Patrick M.; KIER, Karen L.; STANOVICH, John E. **A guide for pharmacists**: drug information. USA: McGraw-Hill Education Medical, 2014.

MANZINI, Fernanda *et al.* **O farmacêutico na assistência farmacêutica do SUS**: diretrizes para ação. Brasília: Conselho Federal de Farmácia, 2015. 298 p. il.

SILVA, Emília Vitoria. **Centro de Informação Sobre Medicamentos**: caracterização do Serviço e Estudo da Opinião dos Usuários. 2002. 124 f. Dissertação (Mestrado em Ciências da Saúde) – Faculdade de Ciências da Saúde, Universidade de Brasília, DF.

VIDOTTI, Carlos Cézar Flores. *et al.* Sistema Brasileiro de Informação sobre Medicamentos – SISMED. **Cad. Saúde Pública**, Rio de Janeiro, v. 16, n. 4, p. 1121-1126, dez. 2000.

WORLD HEALTH ORGANIZATION. **The Rational Use of Drugs. Report of the Conference of Experts**. Geneva: WHO; 1985.

WORLD HEALTH ORGANIZATION. **WHO policy and perspectives on medicines**: promoting rational use of medicines: core components. [*S.l.*], 2002.

ÍNDICE REMISSIVO

A
Aprendizagem 9, 11, 14, 15, 17, 20, 23, 31, 34, 50, 57, 58, 61, 64, 73, 77, 85, 87, 92, 93, 99, 103, 111, 113

B
Biomedicina 11, 17, 23, 27, 35, 74, 75, 81, 83, 87, 99, 120, 141

C
Ciência 18, 21, 47, 48, 93, 95, 97, 98, 100, 101, 103
Conscientização 28, 32, 37, 48, 49, 50, 59, 61, 81, 86, 87, 88

D
Docente 17, 19, 27, 29, 35, 78, 85, 111, 130, 132, 141, 142, 143, 144, 145, 146
Doenças 18, 34, 36, 37, 38, 40, 45, 46, 74, 76, 98, 99, 123

E
Educação 4, 7, 9, 11, 12, 14, 15, 16, 17, 18, 19, 20, 21, 24, 26, 27, 29, 32, 34, 35, 42, 45, 46, 47, 48, 49, 50, 51, 54, 56, 57, 59, 61, 68, 71, 74, 76, 77, 78, 82, 83, 85, 87, 92, 97, 98, 99, 101, 102, 112, 117, 128, 130, 133, 139, 140, 142, 145
Enfermagem 11, 17, 23, 27, 28, 29, 30, 31, 32, 35, 37, 42, 59, 60, 74, 75, 81, 83, 85, 87, 103, 105, 120, 139, 140, 142, 143
Ensino 7, 9, 11, 12, 13, 14, 15, 16, 17, 18, 19, 20, 23, 24, 26, 27, 28, 34, 35, 37, 41, 43, 46, 47, 48, 49, 50, 51, 52, 53, 54, 55, 56, 57, 59, 64, 65, 66, 68, 71, 74, 75, 86, 87, 89, 92, 96, 99, 101, 102, 103, 111, 141, 142, 143, 144, 145, 146
Estresse 28, 37, 38, 105, 106, 107, 109, 110, 111, 113, 114, 115, 116, 117, 118, 119, 121, 145
Estudante 16, 19, 35, 84, 85, 88, 92, 93, 95
Extensionistas 9, 29, 32, 34, 50, 51, 52, 61, 63, 64, 66, 68, 69, 70, 75, 76, 77, 78, 79, 83, 84, 85, 86, 87, 88, 95, 96, 111, 112, 115, 129, 130, 131, 133

H
Hospital 7, 23, 28, 73, 74, 76, 77, 80, 81, 83, 84, 86, 119, 122, 124, 140, 141
Humano 14, 25, 47, 49, 88, 89, 93, 98, 100, 102, 105, 119

I
Interdisciplinaridade 13, 24, 59, 60, 78, 93, 101, 103

M

Medicina 11, 17, 23, 28, 81, 82, 83, 87, 93, 94, 97, 99, 101, 102, 120, 123, 125, 128, 140, 141, 142, 144, 145, 146

P

Pacientes 24, 43, 74, 78, 94, 119, 120, 121, 122, 123, 124, 127

Psicologia 11, 17, 23, 27, 74, 75, 81, 83, 100, 101, 111, 112, 115, 116, 117, 118, 120, 139, 142, 145, 146

S

Saúde 7, 9, 11, 12, 13, 14, 15, 16, 17, 18, 19, 20, 21, 23, 24, 25, 26, 27, 28, 29, 31, 32, 34, 35, 37, 38, 39, 40, 42, 43, 45, 46, 47, 48, 49, 50, 51, 52, 53, 54, 55, 56, 57, 58, 59, 60, 61, 62, 63, 65, 68, 71, 73, 74, 76, 77, 78, 81, 82, 83, 84, 85, 86, 87, 88, 89, 91, 92, 93, 94, 95, 97, 99, 101, 102, 103, 105, 112, 119, 120, 121, 122, 123, 124, 127, 128, 130, 131, 133, 134, 139, 141, 142, 143, 144, 145, 146

Sociedade 9, 11, 12, 14, 15, 16, 17, 18, 19, 26, 37, 40, 42, 45, 46, 47, 61, 69, 73, 81, 89, 92, 93, 99, 102, 111, 128, 129, 141

SOBRE OS AUTORES

Adriana Cristina Franco
Graduada em Enfermagem pela PUCPR. Especialista em Enfermagem do Trabalho pela PUCPR; Enfermagem Obstétrica pela UFPR e Educação em Saúde para Preceptores do SUS pelo Instituto Sírio Libanês. Mestra em Engenharia de Produção pela UFSC. Coordenadora do Projeto de Extensão Mulher Saudável.
E-mail: adriana.franco@fpp.edu.br
CV: http://lattes.cnpq.br/4956750895513977

Adriana Maria Bigliardi
Graduada em Psicologia pela UTP. Mestra em Psicologia pela UTP. Especialista em Saúde Mental, Psicopatologia e Psicanálise pela PUCPR. Formação em Psicoterapia Somática Biossíntese pelo Instituto Brasileiro de Biossíntese. Formação em Psicoterapias Corporais pela Clínica Orgone.
E-mail: adriana.bigliardi@fpp.edu.br
CV: http://lattes.cnpq.br/1061689595504469

Aline Oliveira dos Santos
Graduada em Psicologia pelas Faculdades Pequeno Príncipe. Membro do projeto de Extensão Habilidades sociais e competências profissionais para redução de riscos de agentes de segurança pública
E-mail: aline.2608@hotmail.com
CV: http://lattes.cnpq.br/7674652751401384

Andréia Lara Lopatko Kantoviscki
Graduada em Enfermagem pela UEPG. Especialista em Enfermagem de UTI pela Unitau e Mestra em Enfermagem no Cuidado à Mulher pela UERJ. Trabalhou como Gerente de Enfermagem em Unidades Básicas de Saúde na Prefeitura Municipal de Itatiaia.
E-mail: andreia.kantoviscki@ fpp.edu.br
CV: http://lattes.cnpq.br/0575206746929608

Andressa Rossi Junkes
Graduanda em Medicina pela FPP. Coautora do Projeto de Extensão Cosmos – FPP. Membro da International Federation of Medical Students Association

(IFMSA), na qual é Vice-Diretora do Comitê Local de Educação Médica (SCOME). Membro da Liga Acadêmica de Neurocirurgia da UFPR.
E-mail: andressarossijunkes@gmail.com
CV: http://lattes.cnpq.br/9154806990499243

Bruna Frigo Bobato
Graduanda em Medicina pela FPP. Monitora de Habilidades Médicas e Comunicação III, Pediatria e Habilidades Médicas e Comunicação II; Semiologia Geral no curso de Medicina da FPP. Voluntária no HT pela Liga Acadêmica de Neonatologia. Membro do Projeto de Extensão Realeza da Alegria.
E-mail: brubobato@hotmail.com
CV: http://lattes.cnpq.br/2730198327438236

Caroline D'Hanens
Graduanda em Medicina pela FPP. Estagiou no Erasmus-MC. Voluntária no Hospital do Trabalhador pela LANE-HT/UP. Participou da diretoria no cargo de tesoureira e foi cofundadora da Liga Acadêmica de Cardiologia da FPP. Membro Projeto de Extensão – Realeza da Alegria.
E-mail: caroline_dhanens@hotmail.com
CV: http://lattes.cnpq.br/0540233911288295

Daisy Elizabeth Jose Schwarz
Graduada em Farmácia Bioquímica e Farmácia Industrial pela Universidade Federal do Paraná (1984), com MBA em Gestão Executiva de Negócios
E- mail: daisy.schwarz@hpp.org.br
CV: http://lattes.cnpq.br/1999917886631506

Daniele Laís Brandalize Fagundes
Graduada em Enfermagem pela UFPR. Especialista em Enfermagem em Terapia Intensiva pela PUCPR. Mestra em Enfermagem pela UFPR. Atuou como Coordenadora do Curso de Enfermagem do Centro Técnico-Educacional Superior do Oeste Paranaense em 2016.
E-mail: enferdani2004@yahoo.com.br
CV: http://lattes.cnpq.br/8356646252927362

Fernanda de Andrade Galliano Daros Bastos
Graduada em Biomedicina pela FPP. Especialista em Gestão e Auditoria em Saúde. Mestra em Ensino na Ciências da Saúde pela FPP. Doutoranda em

Medicina Interna pela UFPR. Docente da FPP. Membro do Núcleo Docente Estruturante e Coordenadora do Projeto de Extensão Educar para Prevenir.
E-mail: Fernanda.bastos@fpp.edu.br
CV: http://lattes.cnpq.br/5720377617912067

Francelise Bridi Cavassin
Graduada em Farmácia pela UEPG. Especialista em Farmacologia pela UFPR e em Administração Hospitalar pela FAE. Mestra em Microbiologia, Parasitologia e Patologia pela UFPR. Doutoranda em Medicina Interna pela UFPR. Farmacêutica da Organização Internacional Médecins Sans Frontières. Docente na FPP e coordenadora do Projeto de Extensão Centro de Informação sobre Medicamentos.
E-mail: francelize.cavassin@fpp.edu.br
CV: http://lattes.cnpq.br/8238999725547723

Gabriel Cunha Alves
Graduando em Medicina pelas Faculdades Pequeno Príncipe.
E-mail: gcalves97@gmail.com
CV: http://lattes.cnpq.br/6330076245974192

Gabriel Marques Biava
Graduado em Medicina pela Faculdades Pequeno Príncipe em abril de 2020.
E-mail: gmbilo@hotmail.com
CV: http://lattes.cnpq.br/8736683784815424

Gislayne Castro e Souza de Nieto
Graduada em Medicina pela Fepar. Especialista pela Sociedade Brasileira de Pediatria. Mestra em Ensino nas Ciências da Saúde pela FPP. Chefe da UTI Neonatal do Hospital e Maternidade Brígida desde. Docente na FPP.
E-mail: gisnieto@hotmail.com
CV: http://lattes.cnpq.br/6780218366690273

Graziele Francine Franco Mancarz
Graduada em Farmácia Industrial pela UFPR. Especialista em Tecnologia de Cosméticos pela Equilibra Instituto de Capacitação. Mestra em Ciências Farmacêuticas pela UFPR e Doutora em Biotecnologia aplicada à saúde da

criança e do adolescente, pela FPP. Docente e Membro do Núcleo Docentes Estruturante do curso de Farmácia da FPP.

E-mail: graziele.franco@fpp.edu.br

CV: http://lattes.cnpq.br/1322004236649275

Isabela Akemi Guirao Sumida

Graduanda em Medicina pelas Faculdades Pequeno Príncipe.

E-mail: isabela.sumida@hotmail.com

CV: http://lattes.cnpq.br/3769775557041482

Isadora Regina Dallazuana

Graduanda em Farmácia pela FPP. Experiência em Farmácia Hospitalar e em Farmácia de Manipulação. Atualmente fazendo estágio obrigatório em uma Indústria de Cosméticos.

E-mail: isareginadallazuana@gmail.com

CV: http://lattes.cnpq.br/2355387142746579

Ivana Weber Bonin

Graduada em Psicologia pela FPP. Membro do projeto de Extensão Habilidades sociais e competências profissionais para redução de riscos de agentes de segurança pública.

E-mail: ivanawbonin@gmail.com

Ivete Palmira Sanson Zagonel

Graduada em Enfermagem pela PUCPR, Especialista em Metodologias Ativas do Ensino Superior na Área de Saúde, Mestra em Educação pela UFPR e Doutora em Enfermagem pela UFSC. Professora titular e Docente no Programa de Ensino nas Ciências da Saúde da FPP. Diretora Acadêmica da FPP.

E-mail: ivete.zagonel@fpp.edu.br

CV: http://lattes.cnpq.br/4590600674793954

Jeniffer dos Santos Maciel

Graduada em Psicologia pelas Faculdades Pequeno Príncipe. Atualmente é Coordenadora de RH da Overstress High-Touch.

E-mail: jeniffers.maciel@gmail.com

CV: http://lattes.cnpq.br/1218613275134161

Juliana Ollé Mendes

Graduada em Enfermagem pela UFPR. Especialista em Metodologias Ativas do Ensino Superior pela FPP e em Administração Hospitalar e Pedagogia Hospitalar pela Fepar. Mestra no Ensino nas Ciências da Saúde pela FPP. Docente e Membro do Núcleo de Pesquisa de Ensino na Saúde da FPP. Vice-coordenadora do CEP da FPP. Coordenadora do Projeto de Extensão Gestão em Resíduos Sólidos Hospitalares.
E-mail: juliana.olle@fpp.edu.br
CV: http://lattes.cnpq.br/0929732035301963

Juliane Centeno Müller

Graduada em Farmácia pela UEPG. Aperfeiçoamento em Farmacologia pela UFPR. Mestra, Doutora e Pós-Doutora em Farmacologia, área de concentração Toxicologia Reprodutiva, pela UFPR. Tem experiência na área de Farmacologia com ênfase em Toxicologia Reprodutiva e na área de Ciências Farmacêuticas. Coordenadora do Projeto de Extensão Cosmos.
E-mail: juliane.muller@fpp.edu.be
CV: http://lattes.cnpq.br/2532588015236235

Laura Alexandra Caixeta Maciel

Graduanda no curso de Farmácia pelas Faculdades Pequeno Príncipe, com previsão de conclusão no ano de 2021.
E-mail: laura.maciel@hotmail.com
CV: http://lattes.cnpq.br/6355370862153503

Leandro Rozin

Graduado em Enfermagem pelo Unidep, Especialista em Auditoria para hospitais, planos, serviços e sistemas de saúde pela FPP. Mestre em Biotecnologia Aplicada à Saúde da Criança e do Adolescente pela FPP. Docente nos cursos de Graduação e Pós-graduação *Lato Sensu* da FPP. Responsável pelo Programa de Extensão Social e Comunitário.
E-mail: leandro.rozin@fpp.edu.br
CV: http://lattes.cnpq.br/6126915566061435

Leide da Conceição Sanches

Graduada em Ciências Sociais e em Direito (1998) pela PUCPR. Mestra e Doutora em Sociologia pela UFPR. Docente do Programa de Mestrado em

Ensino nas Ciências da Saúde e de Sociologia e Antropologia Aplicadas à Saúde na FPP. Membro do Grupo de Estudos PENSA e do CEP da FPP. Professora visitante do ISFIT em Timor Leste.
E-mail: leide.sanches@fpp.edu.br
CV: http://lattes.cnpq.br/4038558959541958

Letícia Emanoelli Penazzo Machado
Graduanda em Medicina pela FPP. Estagiária da Liga de Ortopedia e Traumatologia do HUC. Participação no XIII e XV Enepe; 14º Congresso Brasileiro de Vídeo cirurgia e 50º Congresso Brasileiro de Ortopedia e Traumatologia. Participa do Projeto de Extensão Realeza da Alegria.
E-mail: lmachado.lepm@gmail.com
CV: http://lattes.cnpq.br/3424651220152177

Liliane Aparecida Ferreira
Graduada em Pscologia pelas Faculdades Pequeno Príncipe
E-mail: liliane_ep@hotmail.com
http://lattes.cnpq.br/6563211328848526

Lucas Palma Nunes
Graduando em Medicina pela FPP. Diretor de Iniciação científica em IFMSA BRASIL. Voluntário em Iniciação Científica sobre Estudo do quimioterápico clofarabine em linhagens celulares que expressam transportadores ABC, no Departamento de Análises Clínicas da UFPR.
E-mail: pnlucas09@gmail.com
CV: http://lattes.cnpq.br/8663792241240732

Lucas Zantut
Graduando em Medicina pela FPP. Membro da Liga de Medicina de Família das Fempar e da Liga de Geriatria da UP. Coordenador e cocriador do Projeto de Extensão Realeza da Alegria. Estagiário voluntário na Secretaria Municipal de Saúde de Curitiba no programa Curitiba Contra Corona vírus.
E-mail: lucaszantut@gmail.com
CV: http://lattes.cnpq.br/5998234271515456

Luciano de Oliveira
Graduado em Psicologia pela FPP. Conhecimento na área de redução de

estresse, ansiedade e manifestações depressivas relacionadas a eventos traumáticos com a utilização de técnicas específicas de enfrentamento. Membro do projeto de Extensão Habilidades sociais e competências profissionais para redução de riscos de agentes de segurança pública

E-mail: deoliverlu@hotmail.com

CV: http://lattes.cnpq.br/2461308194505303

Luiza Tatiana Forte

Graduada em Psicologia pela PUCPR, Especialista em Psicologia Hospitalar pela PUCPR e pela Associação Latino-americana de Psicologia da Saúde. Mestra em Educação pela PUCPR. Diretora de Extensão e Membro do Conselho Acadêmico e do Conselho Superior da FPP. Presidente da Associação latino-americana de Psicologia da Saúde, Região Atlântica.

E-mail: luiza.forte@fpp.edu.br

CV: http://lattes.cnpq.br/4338924254588764

Maria Cecilia Da Lozzo Garbelini

Graduada em Ciências Biológicas pela UFPR, Mestra em Biologia Celular e Molecular pela UFPR e Doutora em Ciências pela USP. Professora titular da FPP. Docente e orientadora do Mestrado Ensino nas Ciências da Saúde da FPP. Coordenadora do CEP da FPP. Membro do Grupo de Estudos PENSA.

E-mail: maria.garbelini@fpp.edu.br

CV: http://lattes.cnpq.br/2573131399206676

Rafael Rizzetto Duarte Gomes Araújo

Graduando em Medicina pela FPP. Vice-coordenador-geral do Centro Acadêmico de Medicina Maria Estrella (CAMME), Membro do *International Federation of Medical Students Association* (IFMSA) e Coordenador do Projeto de Extensão Cosmos.

E-mail: rafael.rizzetto@gmail.com

CV: http://lattes.cnpq.br/3344572538304094

Robson Camilotti Slompo

Graduando em Farmácia pela FPP. Realiza projeto de iniciação científica no IPPP na área de Terapia Celular e Biotecnologia na Medicina Regenerativa. Experiência em trabalho laboratorial, rotina de análises clínicas, manipulação de medicamentos, controle de qualidade e pesquisa pré-clínica.

Email: robsoncamilotti@gmail.com
CV: http://lattes.cnpq.br/2963715706634841

Silvia Regina Hey

Graduada em Psicologia pela PUCPR, Mestra em Ensino nas Ciências da Saúde pela FPP. Coordenadora e docente no curso de Graduação em Psicologia da FPP. Docente na Pós Graduação de Psicologia Hospitalar da FPP. Integra o grupo de estudo do Complexo Pequeno Príncipe com foco em Transplante Hepático e Genitália Ambígua – Distúrbios do Desenvolvimento Sexual.

E-mail: silvia.hey@fpp.edu.br
CV: http://lattes.cnpq.br/5220928285090110

Susiane Artuzi Mota e Silva

Graduada em Pedagogia. Especialistas em Gestão Estratégica de Pessoas e Serviço Social, políticas públicas e exercício profissional – avanços e perspectivas – ênfase em Gestão social e exercício profissional. Coordenadora da Central de Atendimento aos Colaboradores Pequeno Príncipe.

E-mail: susiane.artuzi@hpp.org.br

Valéria Carolina Armas Villegas

Graduanda em de Medicina pela FPP. Voluntária da Cruz Vermelha Brasileira – Paraná e da ONG Médicos de Rua. Atualmente Diretora Nacional de Programas e Atividades (PA-D) da IFMSA Brasil; Extensionista responsável do Projeto Realeza da Alegria, membro da Coordenação Científica.

E-mail:valeria.armas.villegas@hotmail.com
CV: http://lattes.cnpq.br/3246716821392767

SOBRE O LIVRO
Tiragem: 1000
Formato: 16 x 23 cm
Mancha: 12,3 X 19,3 cm
Tipologia: Times New Roman 11,5/12/16/18
Arial 7,5/8/9
Papel: Pólen 80 g (miolo)
Royal Supremo 250 g (capa)